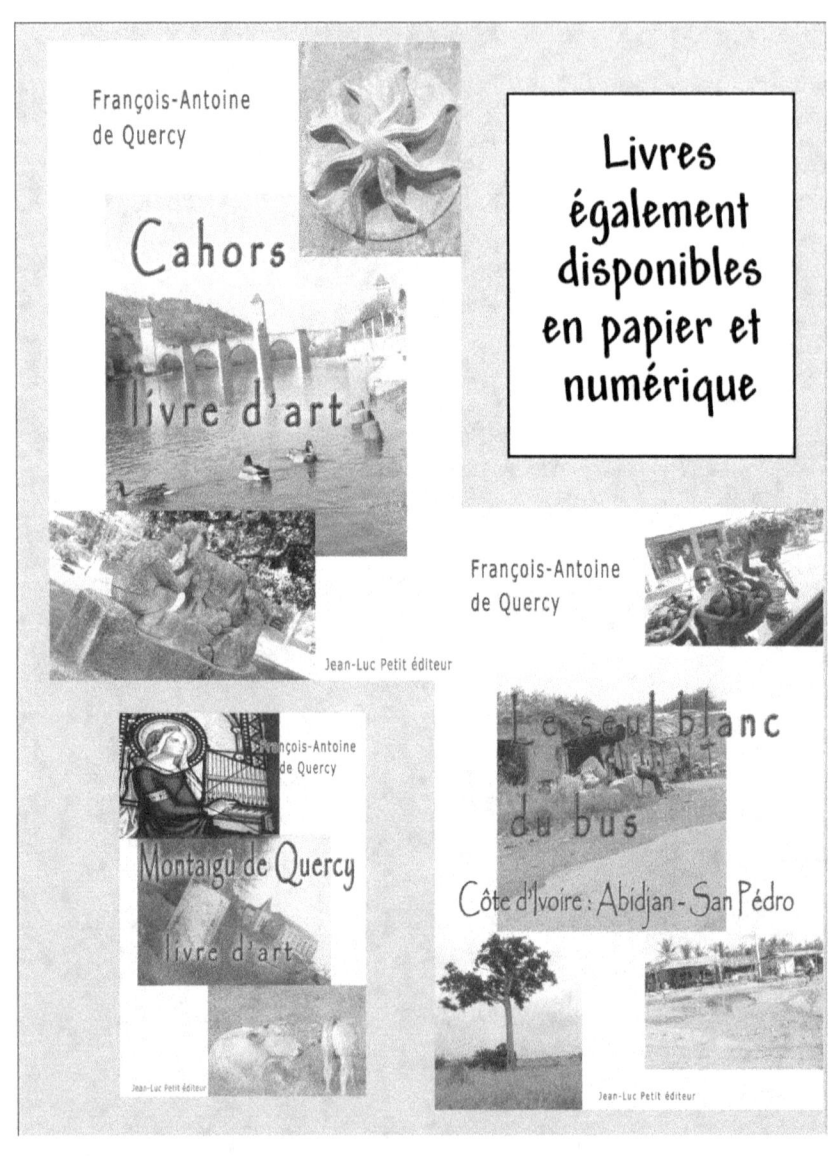

Pigeonniers lotois

Du même auteur*

Sous le nom de **François-Antoine de Quercy** :

Montcuq, livre d'art
Montaigu de Quercy, livre d'art
Quercy Blanc, livre d'art
Le seul blanc du bus
Laramière, livre d'art
Cahors, livre d'art
Gustave Guiches, *Au fil de la vie*, notice, commentaires, photos

Sous d'autres noms

Romans

Le Roman de la Révolution Numérique
Ils ne sont pas intervenus (le livre des conséquences)
Le roman du show-biz et de la sagesse
Quand les familles sans toit sont entrées dans les maisons fermées
Liberté j'ignorais tant de Toi
Viré, viré, viré, même viré du Rmi !

Théâtre

Neuf femmes et la star
Les secrets de maître Pierre, notaire de campagne
Ça magouille aux assurances
Chanteur, écrivain : même cirque
Deux sœurs et un contrôle fiscal
Amour, sud et chansons
Pourquoi est-il venu :
Aventures d'écrivains régionaux
Avant les élections présidentielles

* extrait du catalogue, voir www.lotois.fr

François-Antoine de Quercy

Pigeonniers lotois

Jean-Luc Petit éditeur - Collection Livres d'artistes

L'éditeur versant lotois :

http://www.lotois.fr

Tout simplement et logiquement !

Tous droits de traduction, de reproduction, d'utilisation, d'interprétation et d'adaptation réservés pour tous pays, pour toutes planètes, pour tous univers.

Site officiel : http://www.ecrivain.pro

© Jean-Luc PETIT - BP 17 - 46800 Montcuq – France

Pigeonniers lotois

La beauté des pigeonniers. La beauté dans la diversité, du restauré chic objet de communication patrimoniale au déglingué quasi condamné en passant par les majestueux, les discrets, les fragiles... 151 photos d'art...

Le temps du pigeon roi a existé... Sa chair et sa fiente lui ont octroyé des privilèges jamais vus pour d'autres volatiles : de superbes bâtiments, dont une partie, certes, pouvaient remplir d'autres fonctions, du poulailler à la remise...

Oh pigeonniers du dix-huitième, dix-neuvième (siècles), quels témoignages d'un changement d'époque nous renvoyez-vous ! Mais qui regarde les pigeonniers pour ce qu'ils sont ?...

Le pigeon libre et domestiqué... Son instinct le ramène vers son point de départ. Ainsi, il transmet un message (naturellement codé) d'une extrême importance et sauve le pays : guerres de 1870, 1914-1918, et même encore 1939-1945. Avant les "moyens modernes" de communication.

La colombine, la fiente desséchée du pigeon, fut "ridiculisée", marginalisée par les "moyens modernes", les engrais chimiques et leurs représentants lancés dans les campagnes pour apporter la bonne nouvelle du progrès...

La chair du pigeon était et reste délicieuse. Mais les moyens modernes d'élevage privilégient les bêtes plus corpulentes.

Le Lot a ainsi perdu de nombreux pigeonniers,

devenus inutiles, et il convient de les classer en restaurés pour leur beauté, restaurés en habitation, délabrés ; et l'on cherche (et trouve mais rarement) ceux où les trous d'accès restent ouverts... Même s'il semble plus consensuel d'opter pour une présentation selon la forme (ronds, carrés, sur piliers, sur arcades...)

Si des photos de pigeonniers lotois sont régulièrement publiées, aucun livre ne leur fut totalement consacré. Oui, en 2015, on peut encore dénicher de "vieux sujets" non traités...

Cette beauté est éphémère, même à l'échelle de nos vies. La beauté disparaît aussi quand plus personne n'y prête attention. Déjà, vous ne pourrez plus retrouver à l'identique l'ensemble des éléments présentés ici...

Le pigeon n'est pas moderne ! Sauf pour des collectionneurs mais alors il doit présenter des critères un peu comme les chiens et les chats "de races"...

François-Antoine de Quercy
http://www.pigeonniers.net

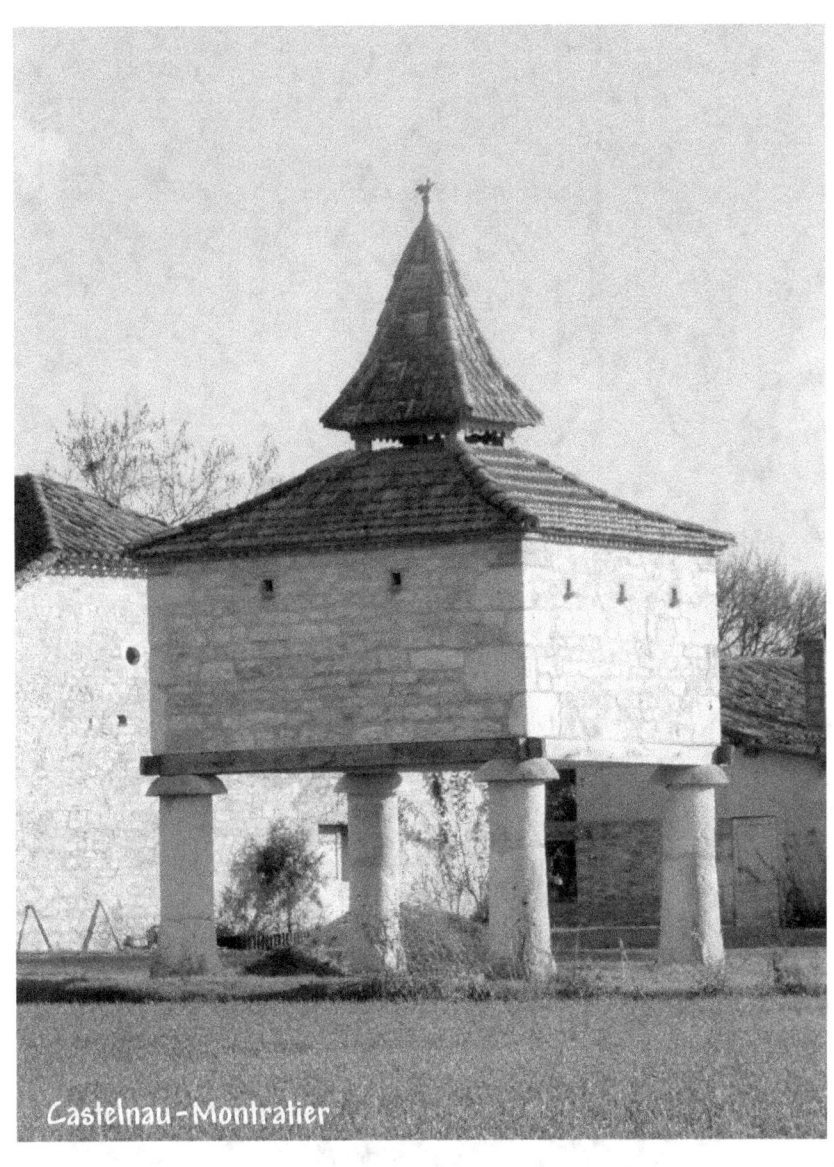

Un pigeonnier sur quatre piliers.

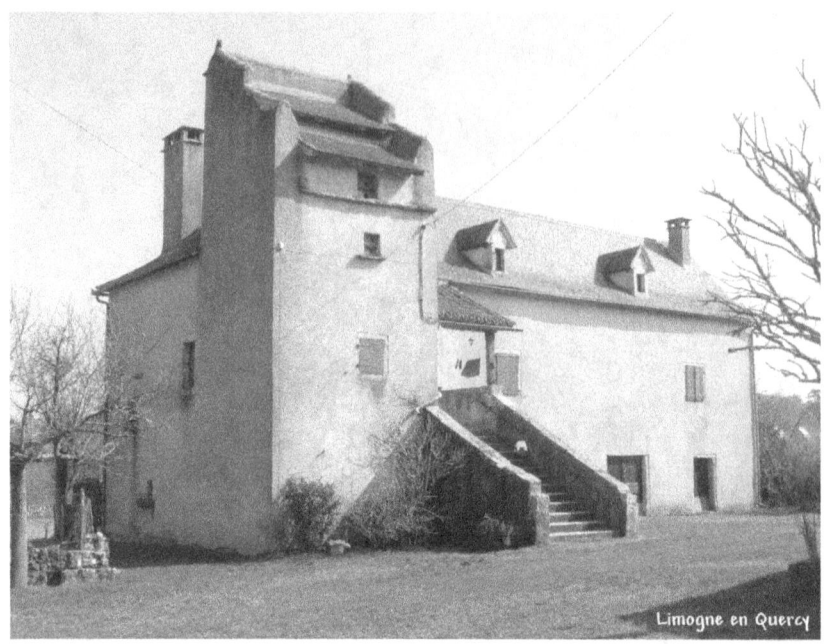

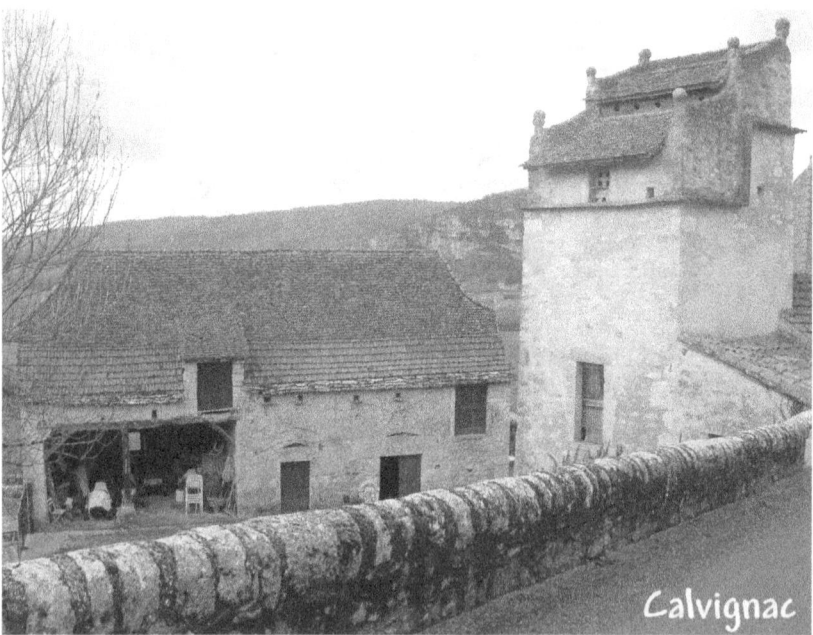

Le pigeonnier "pied de mulet", le plus souvent accolé à l'habitation ou à un autre bâtiment.

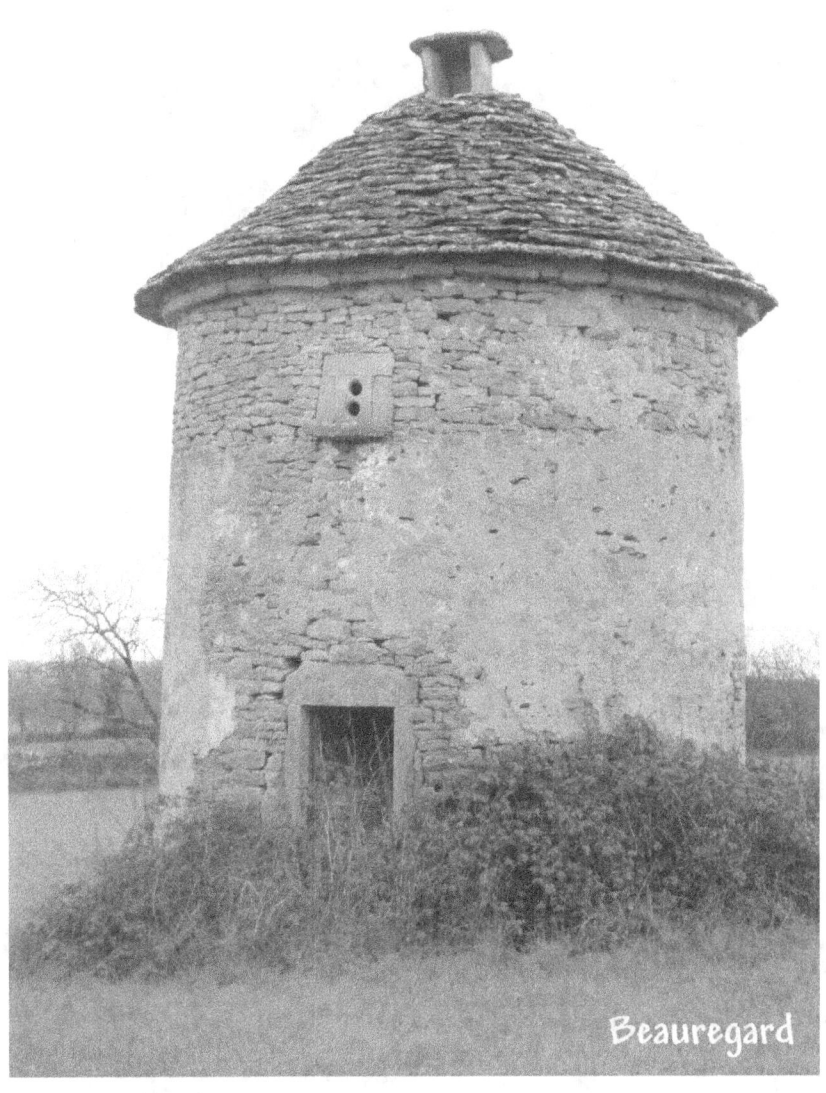

Pigeonnier tour cylindrique.

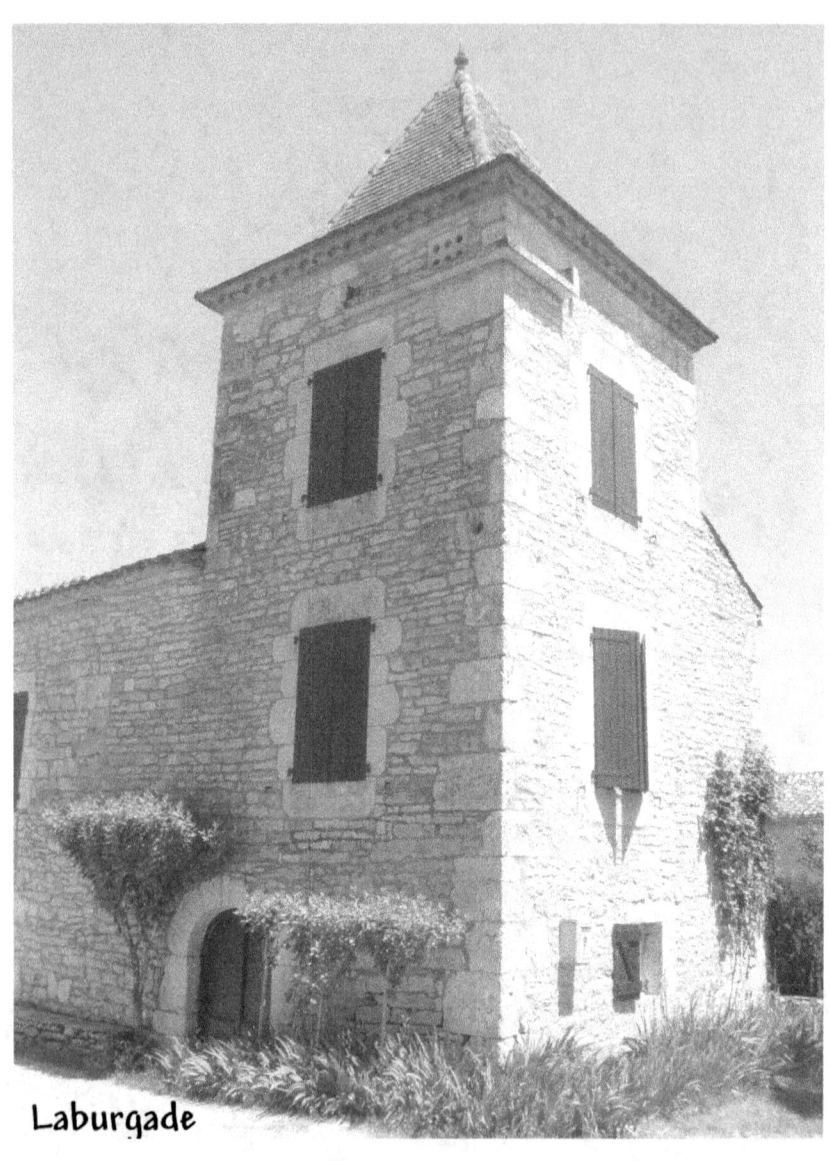

Laburgade

Pigeonnier tour carrée, accolée à l'habitation.

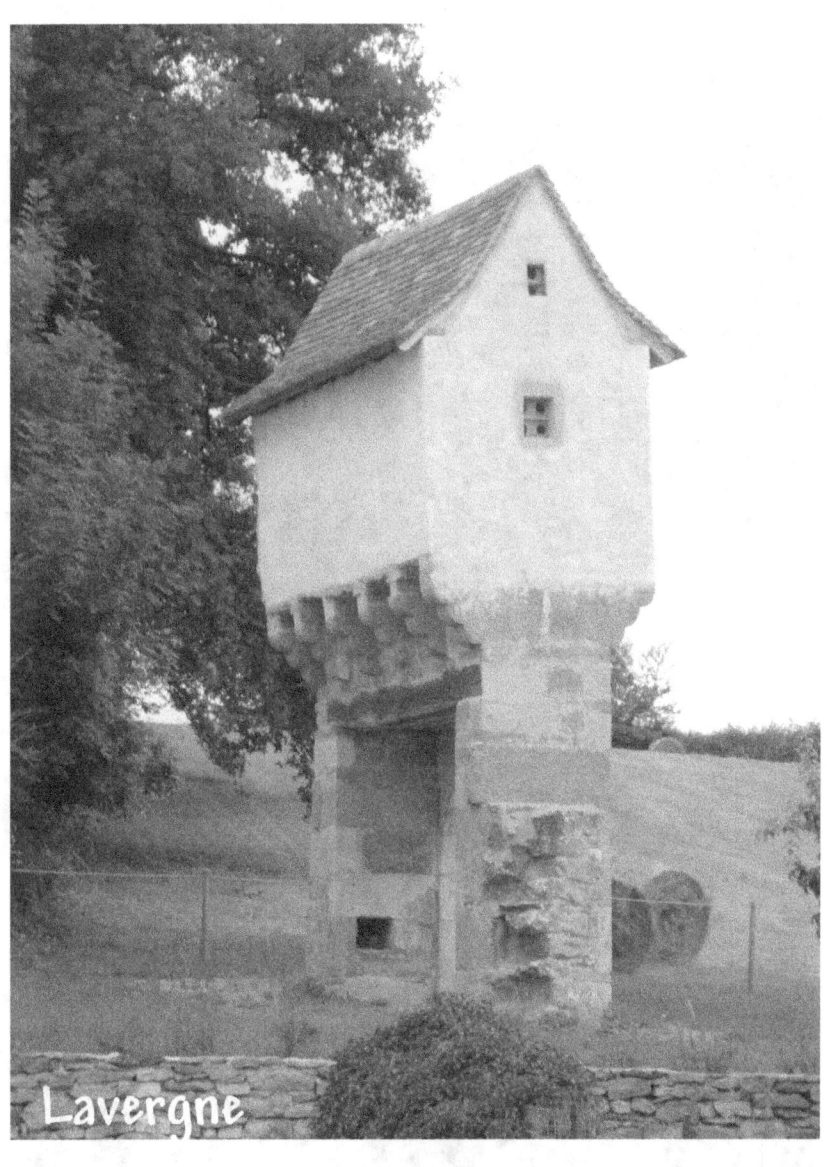

Pigeonnier porche, sur mâchicoulis, classé aux Monuments Historiques.

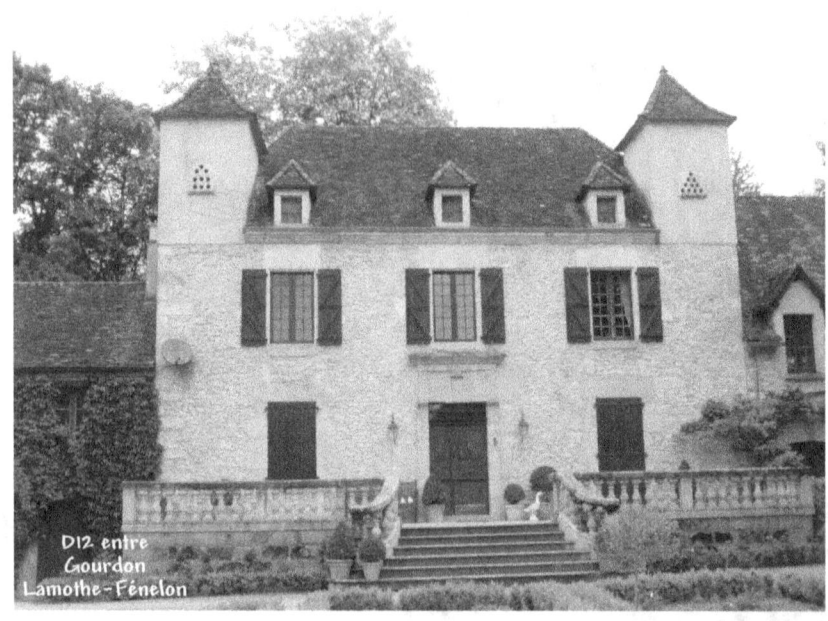

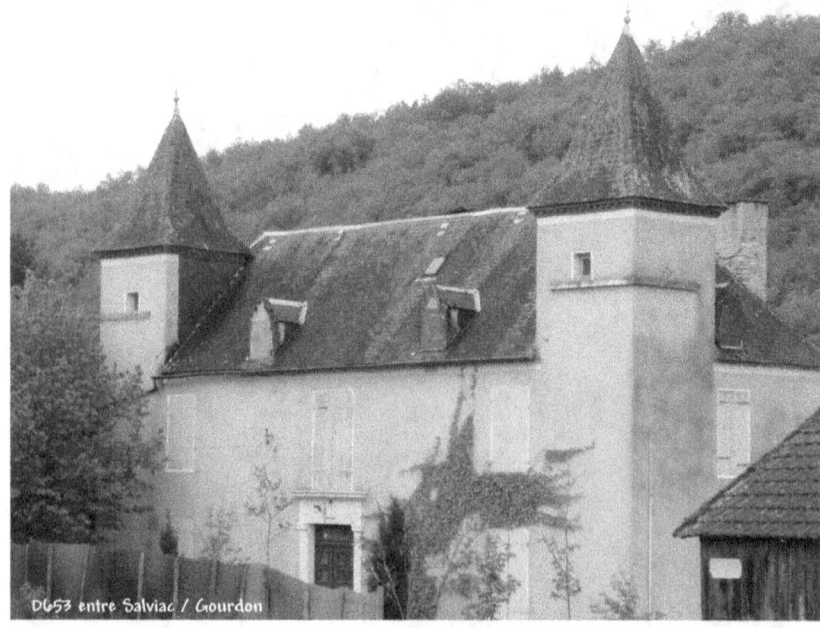

Un pigeonnier à chaque angle, le premier propriétaire devait en être fier !

Architecture

Pigeonniers isolés, ou indépendants.

Pigeonniers intégrés ou accolés à l'habitation.

Une architecture diversifiée, aucune école de pigeonniers n'a normalisé ce secteur... mais chaque construction semble avoir été pensée dans son environnement... Question de moyens également...

Pigeonnier "pied de mulet".
Pigeonnier sur piliers.
Pigeonnier sur arcades, rare dans le Lot.

Pigeonnier tour cylindrique.
Pigeonnier tour carrée.
Pigeonnier-tour (tourelle) intégré à l'habitation. Ou plus modeste, une "simple caisse."
Pigeonnier porche.
Et sûrement le plus charmant de nos campagnes lotoises, car intégré à une structure de demeures en pierres, le pigeonnier bolet. Bolet, terme issu de l'occitan, disons terrasse couverte.
Quant aux plus pauvres, ils se contentaient du pigeonnier sous combles, ou grenier.

Le plus souvent attenants ou proches des bâtiments d'habitation, du château, de la ferme, rarement "perdus" au milieu des champs (il s'agissait alors de localiser des pigeons au centre des terres de grandes propriétés, tout en offrant un endroit, le rez-de-chaussée, où abriter matériel et personnel en cas d'intempéries).

Eriger un pigeonnier-tour à chaque aile d'un bâtiment permettait de se donner l'impression de vivre dans un petit château.

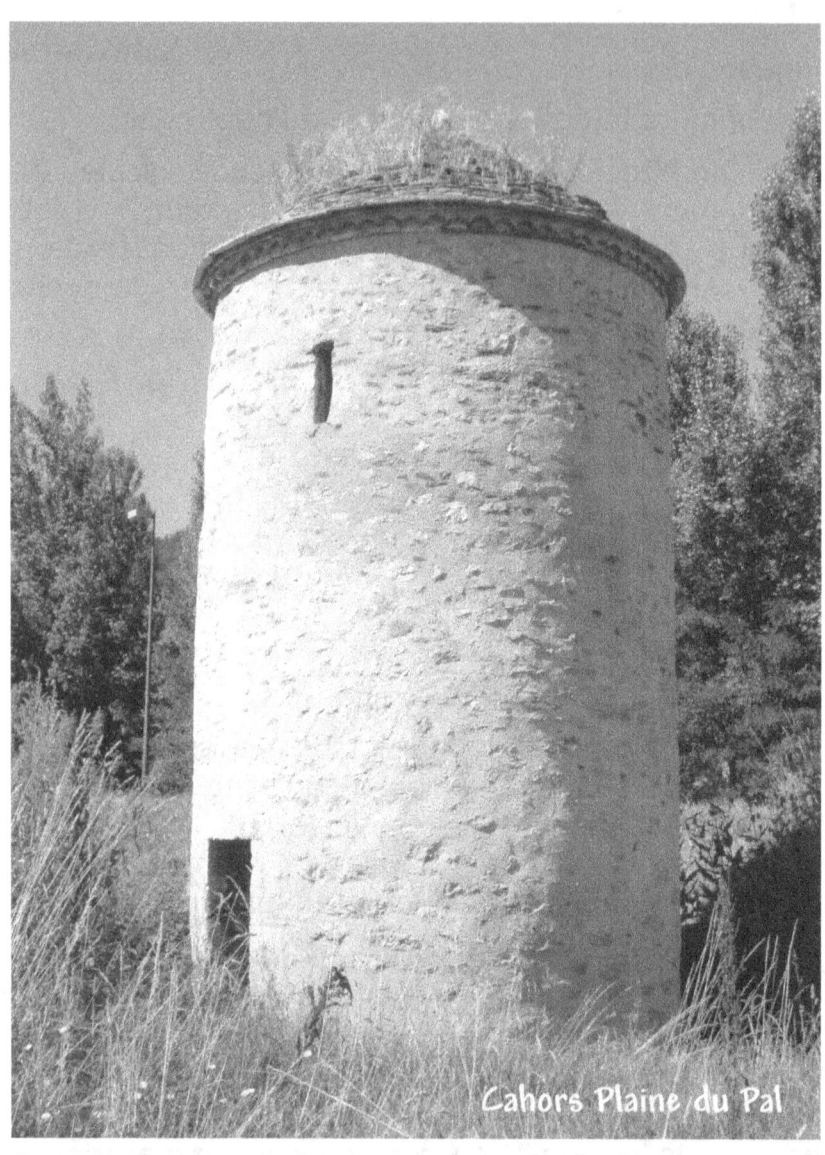

Cahors Plaine du Pal

Ce pigeonnier mériterait plus d'attentions... Une toiture en encorbellement (comme nos gariottes) ; les boulins, ces cases carrées destinées à la couvaison.

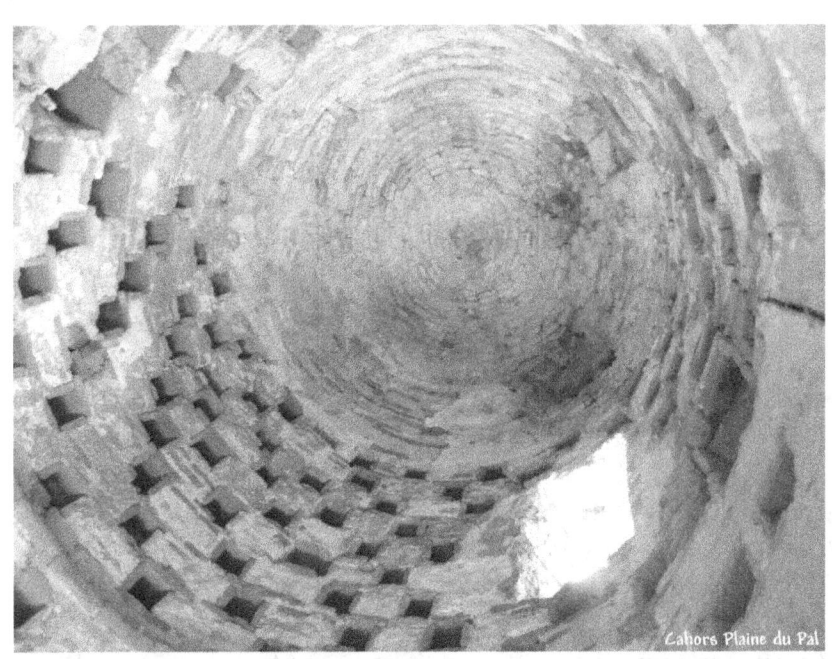

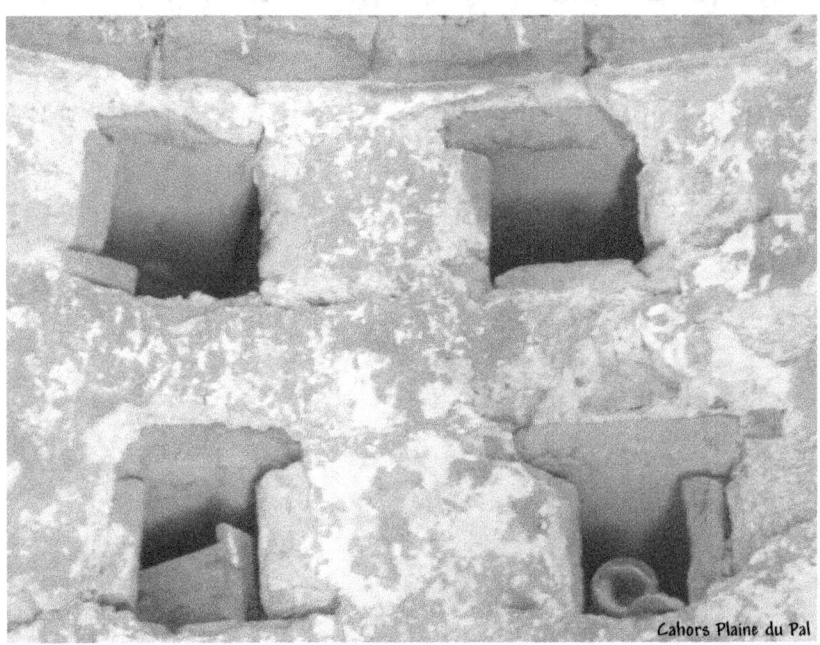

Nos pigeons enfermés...

Nos pigeons doivent rester en cage ! Ils ne sont pas les bienvenus dans les champs. D'ailleurs ce voleur des graines a toujours constitué un sujet de conflits... Ceux qui avaient le droit aux pigeonniers pouvaient piler de cette manière également les plus pauvres...

Le XXe siècle fut fatal au pigeon. Il est désormais une gêne, en ville comme à la campagne : ici, les agriculteurs se plaignent, à cause des céréales en moins dans leur remorque, les services municipaux du saccage des toitures, surtout celles des églises. Régulièrement, ces bestioles sont massacrées sur décision des édiles par les chasseurs. Il en reste toujours un peu. Qui perpétuent l'espèce. Pour l'instant. Les pigeons en liberté sont condamnés ?

Ils ont même migré en ville, nos pauvres pigeons pourchassés à la campagne...

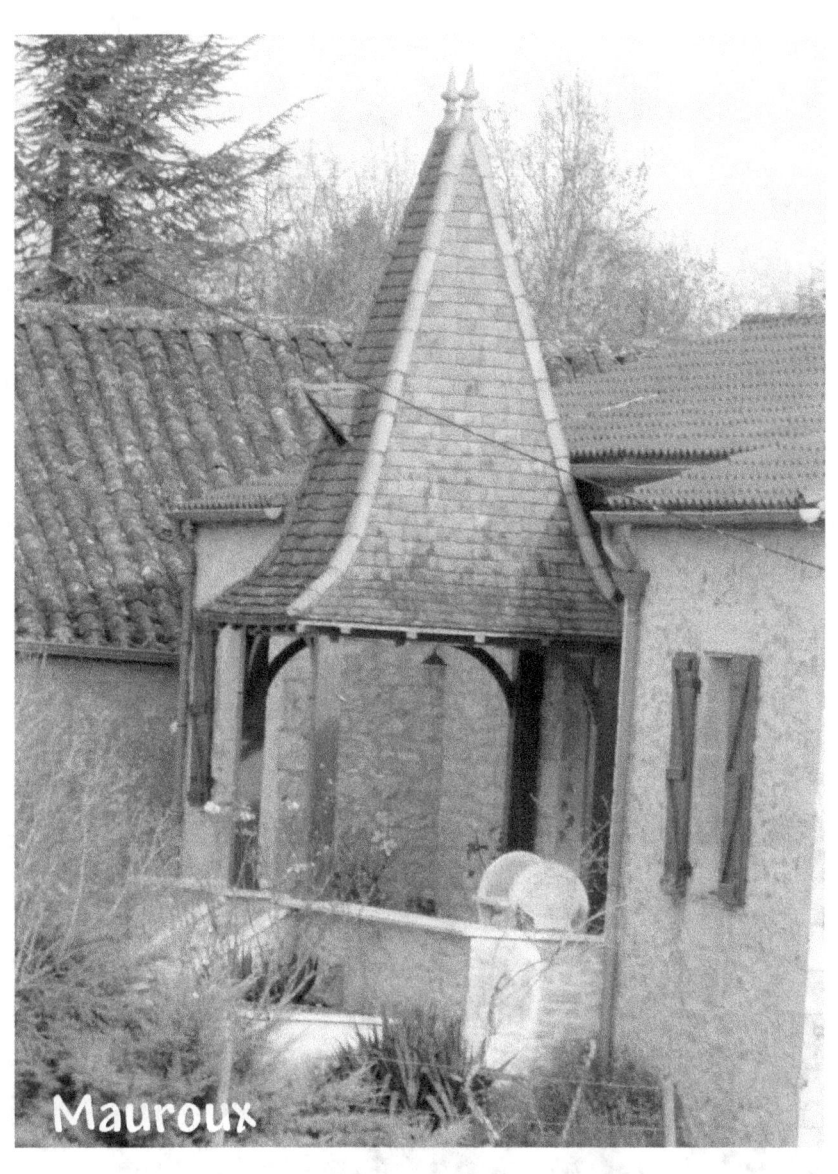

Le pigeonnier bolet

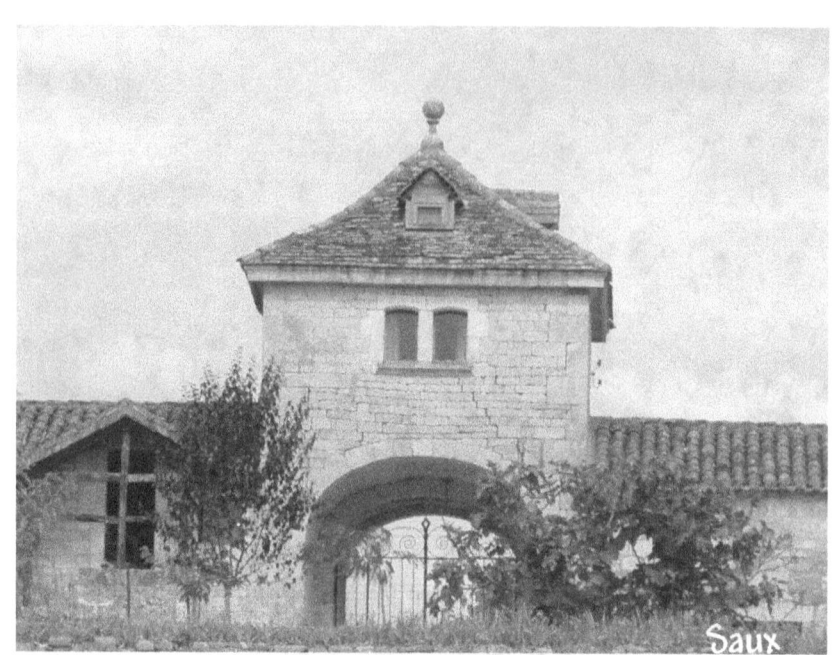
Pigeonnier porche

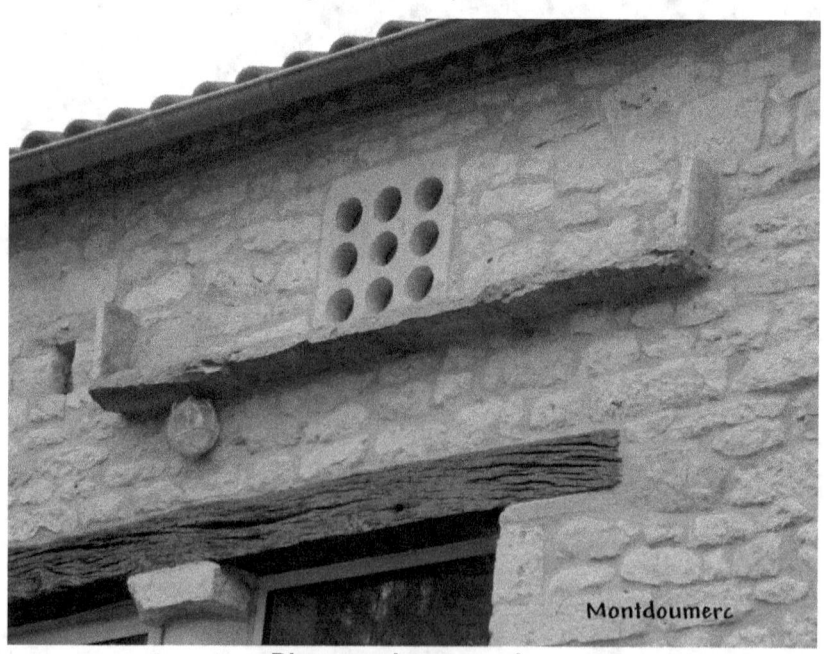
Pigeonnier grenier

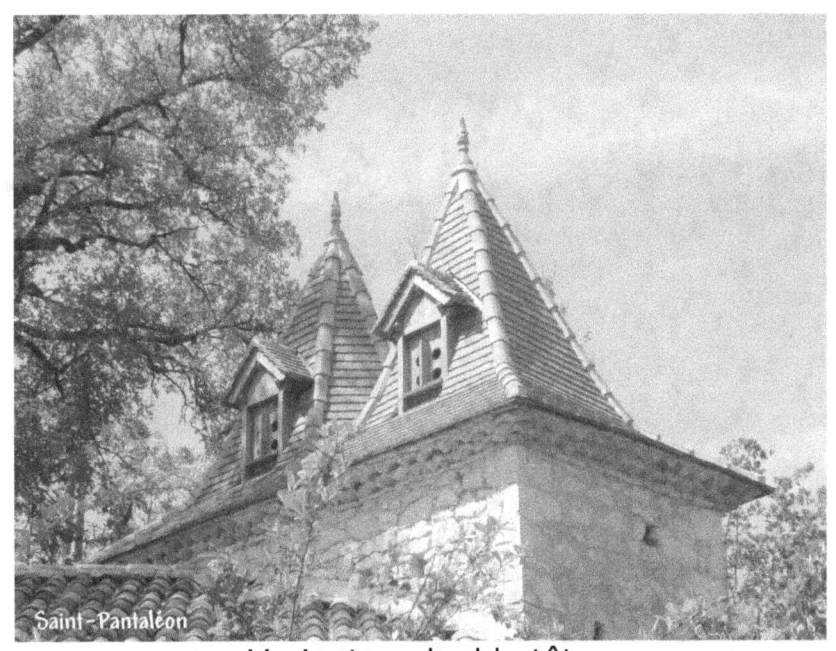
Saint-Pantaléon

Variante : double tête

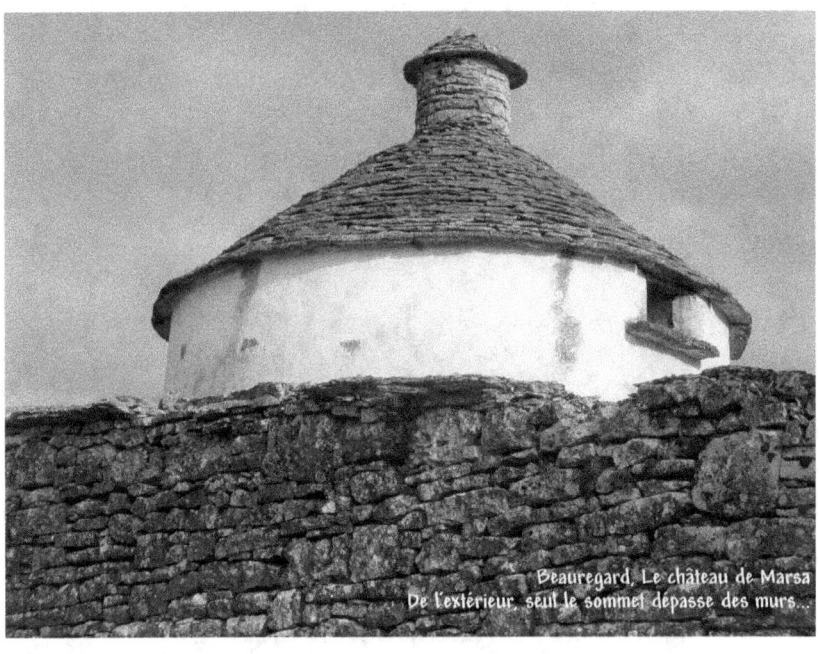
Beauregard, Le château de Marsa
De l'extérieur, seul le sommet dépasse des murs...

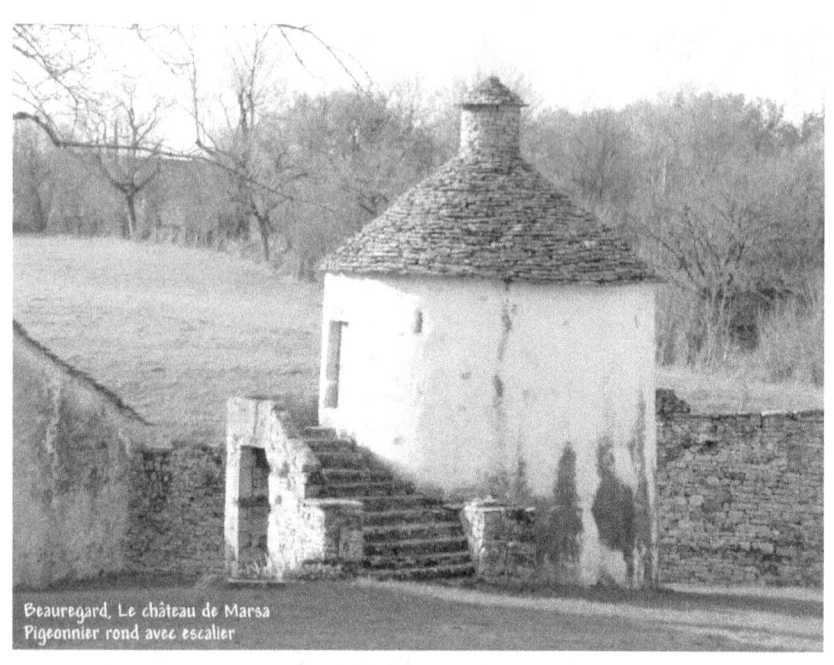

Beauregard, Le château de Marsa
Pigeonnier rond avec escalier

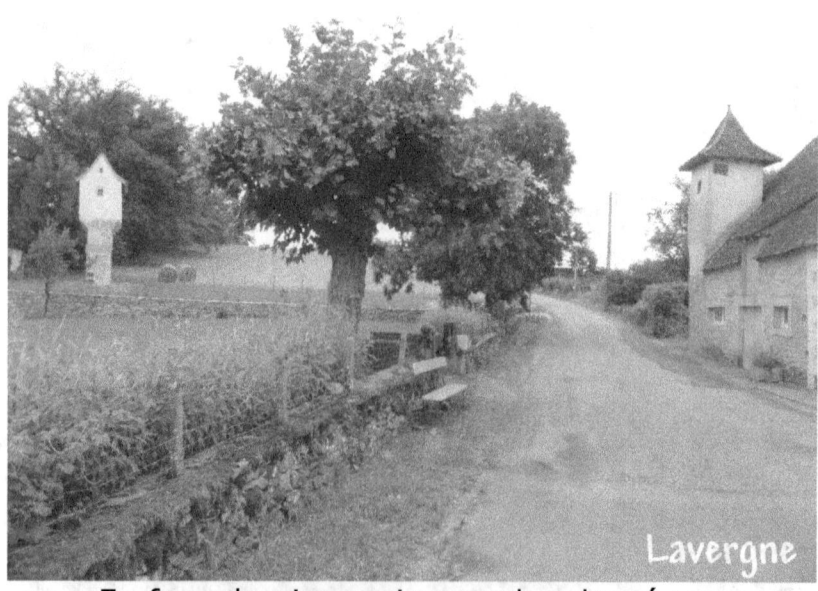

Lavergne

En face du pigeonnier porche classé aux
Monuments Historiques, un autre...

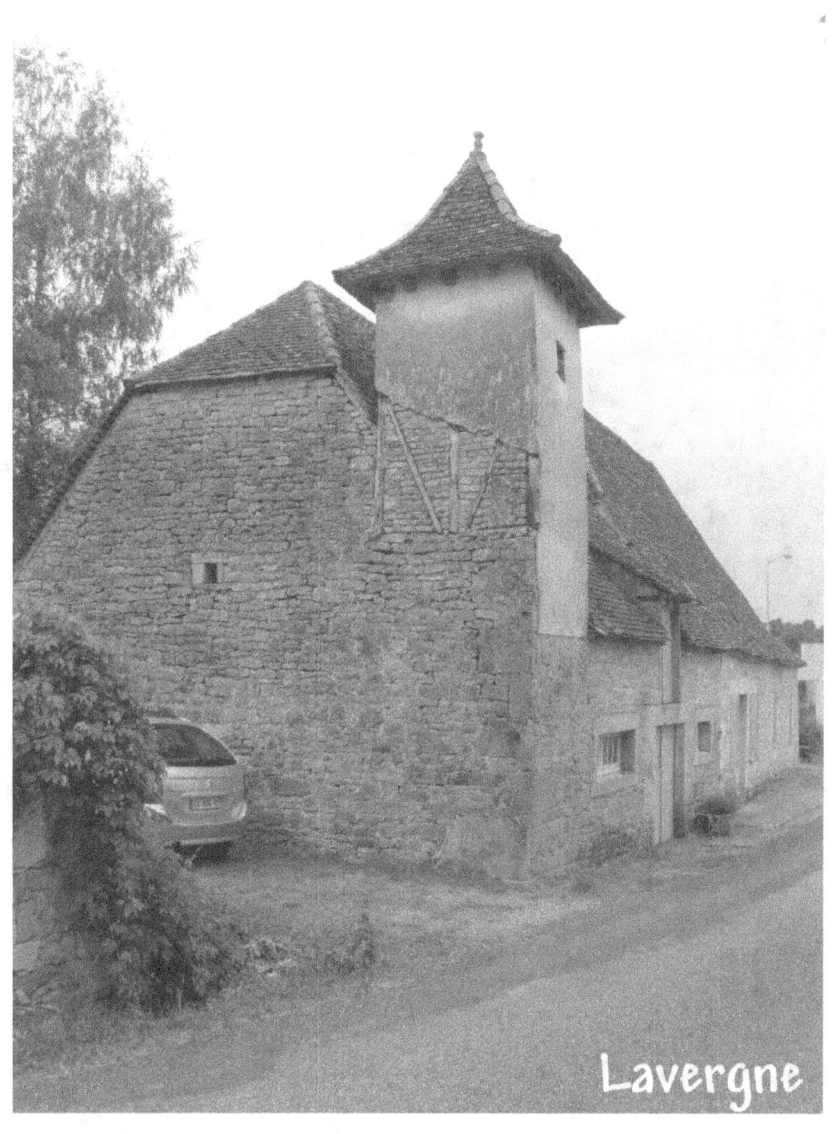

Pigeonnier plus proche du type caisse que tour...

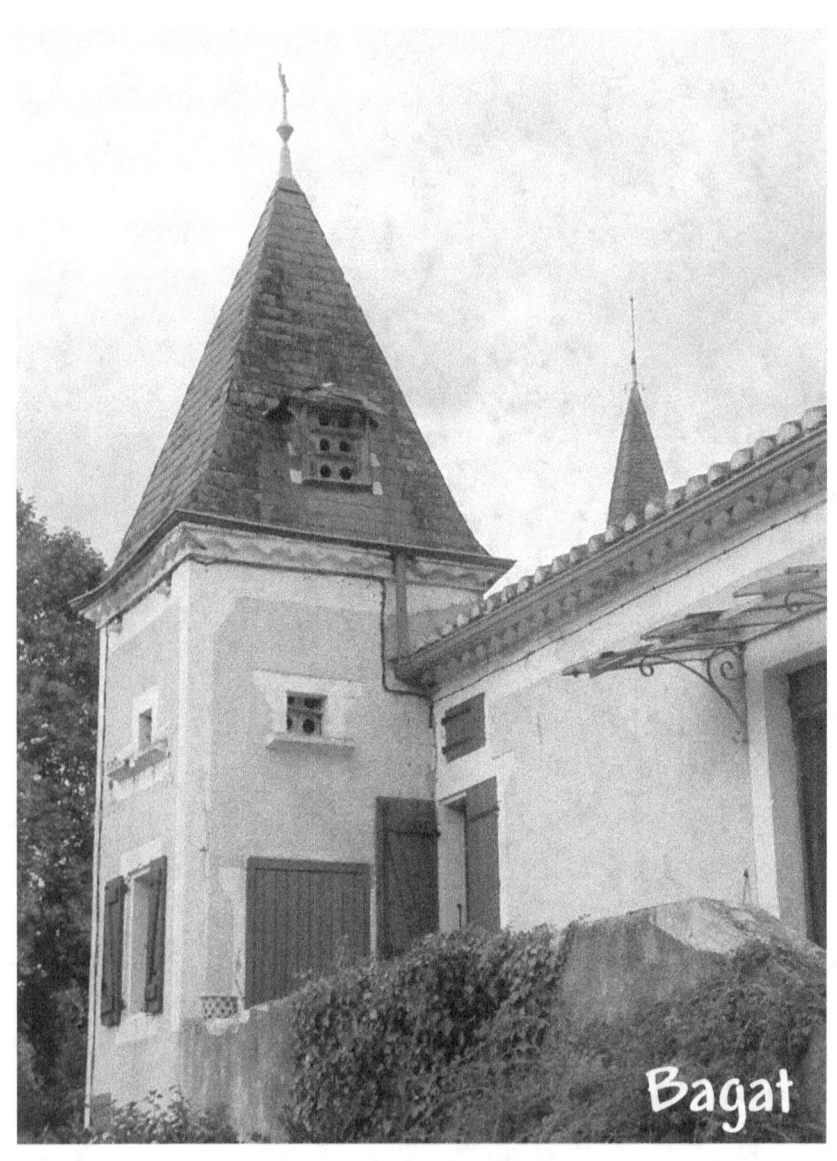

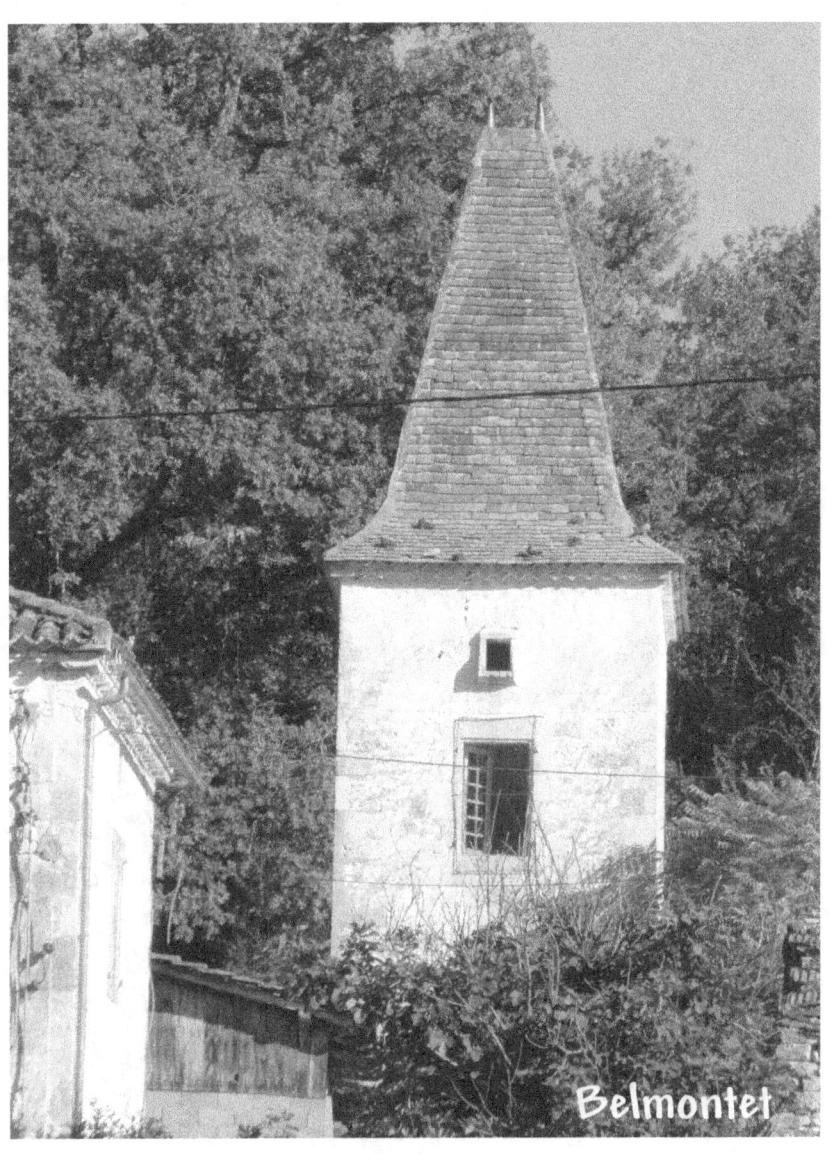

Un pigeonnier avec des pigeons !

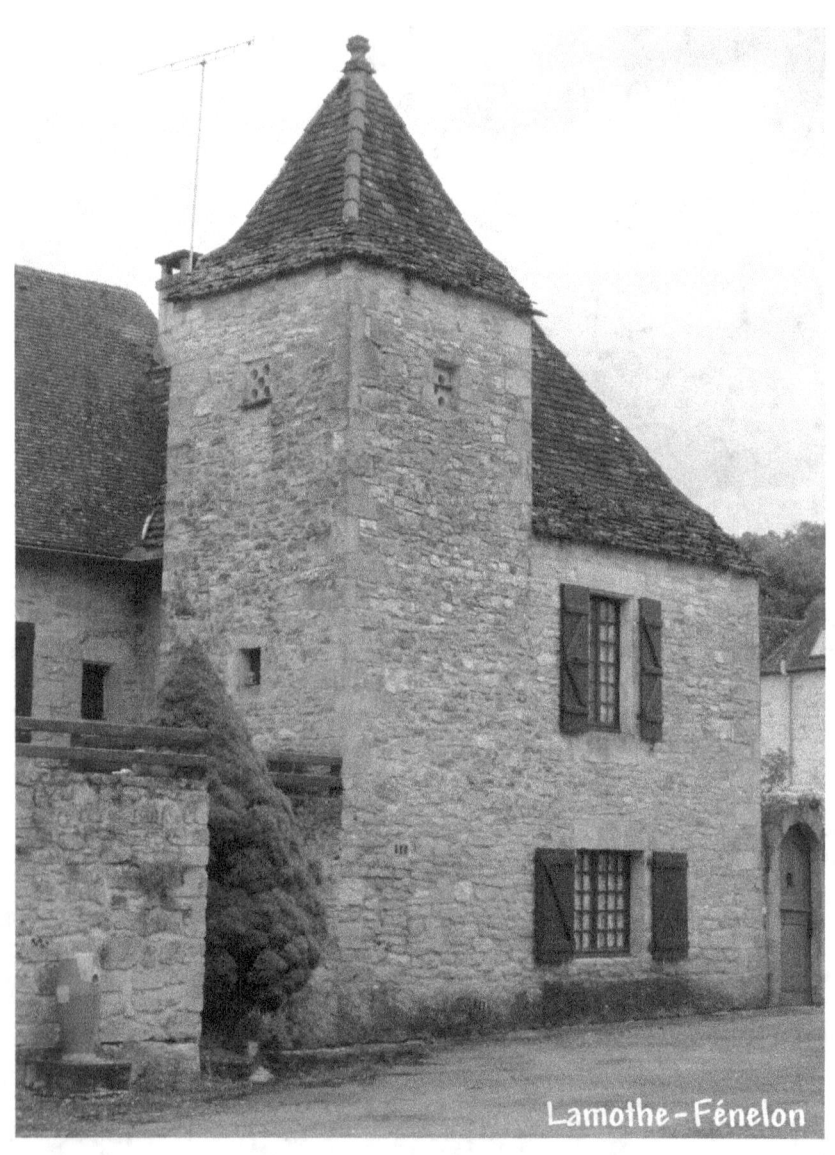

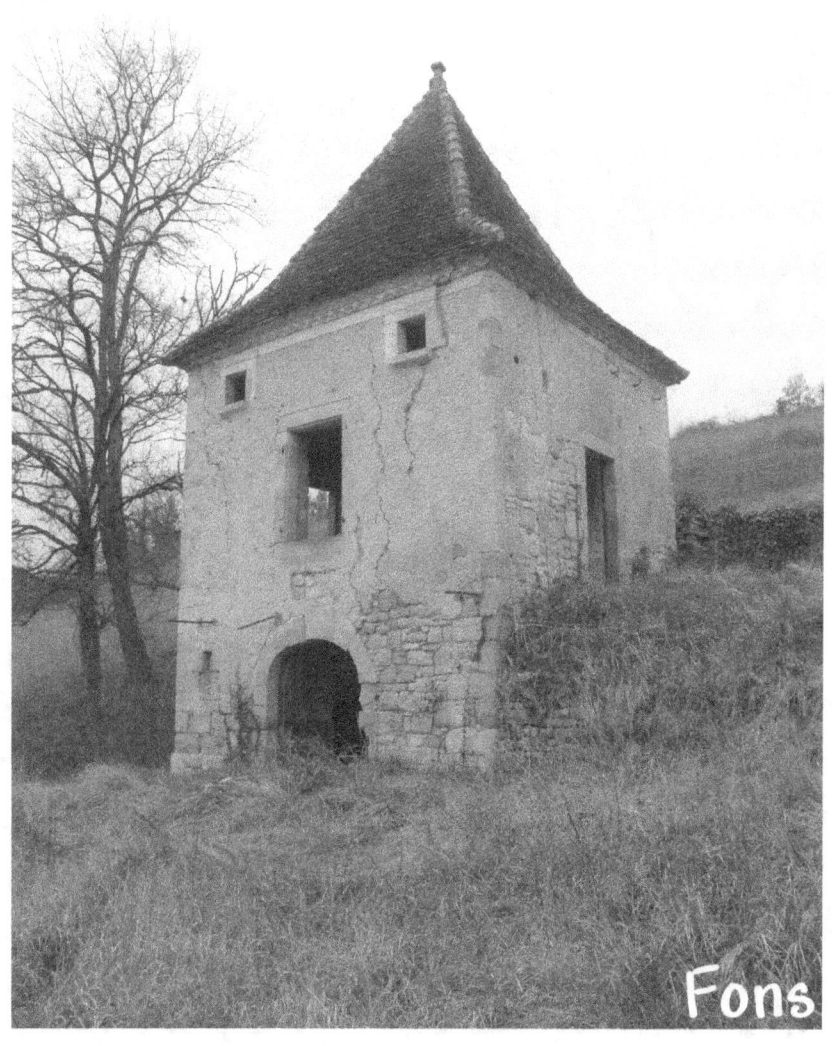

Le pigeonnier sur arcades existe dans le Lot !

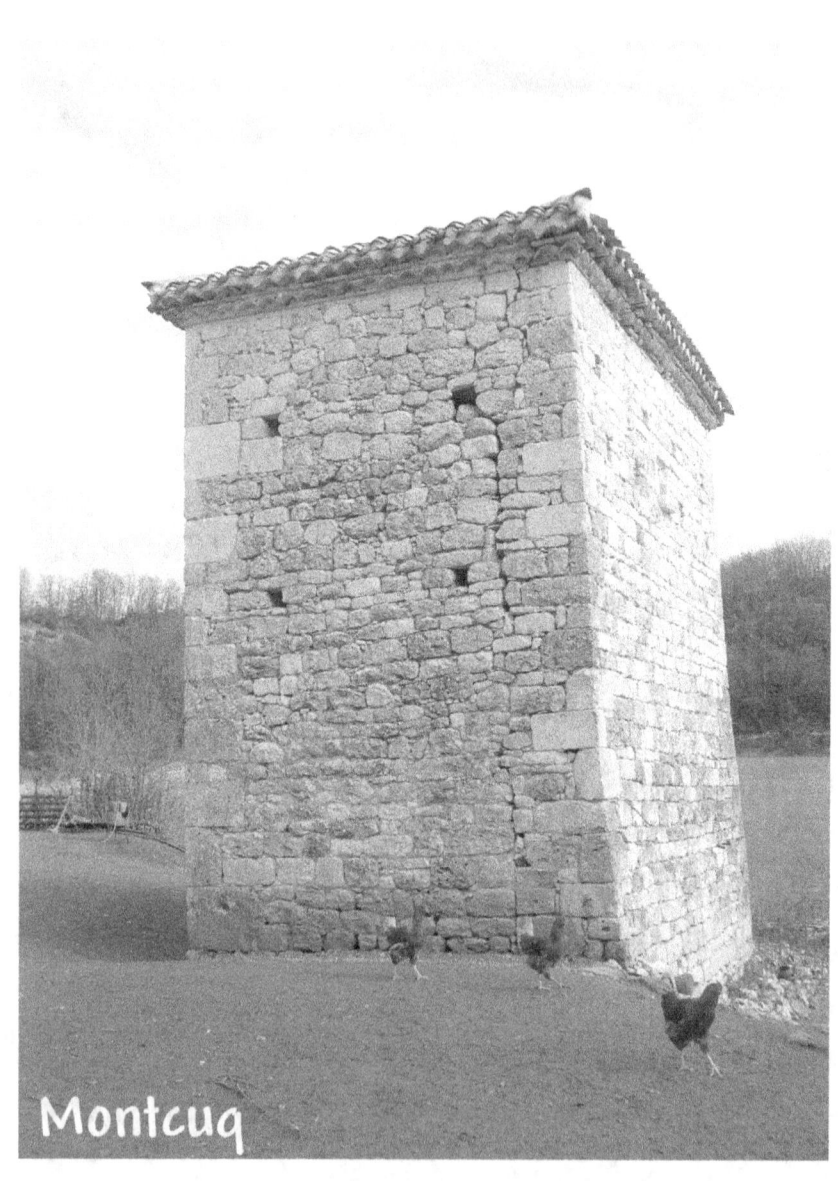

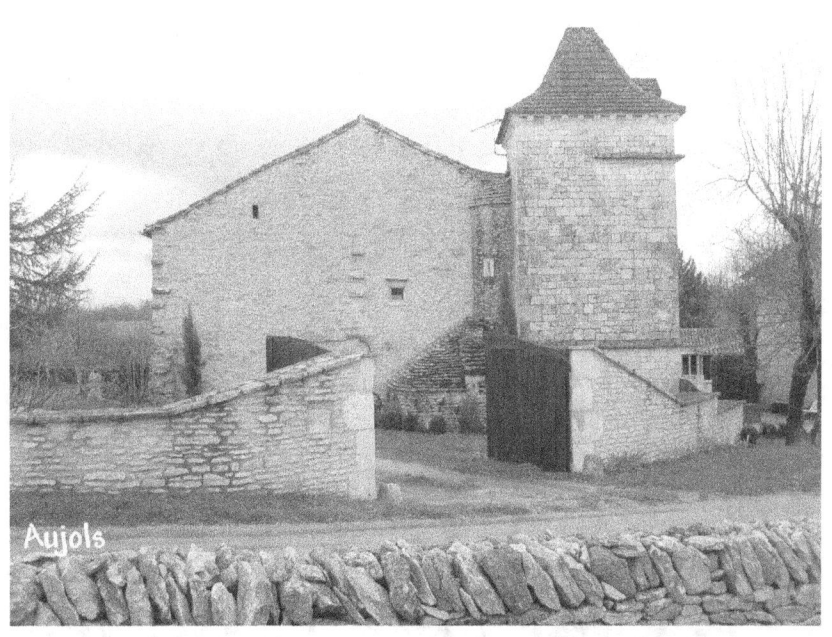

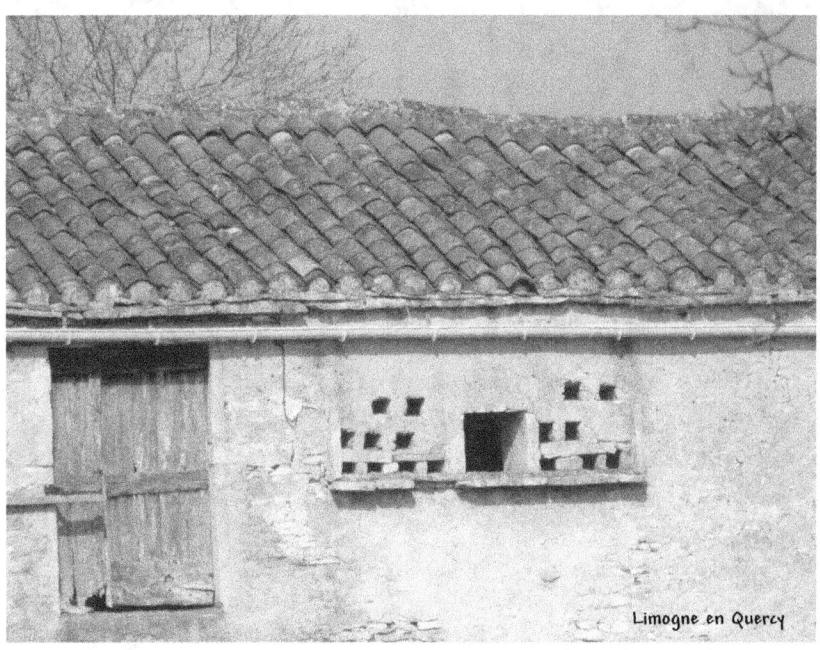

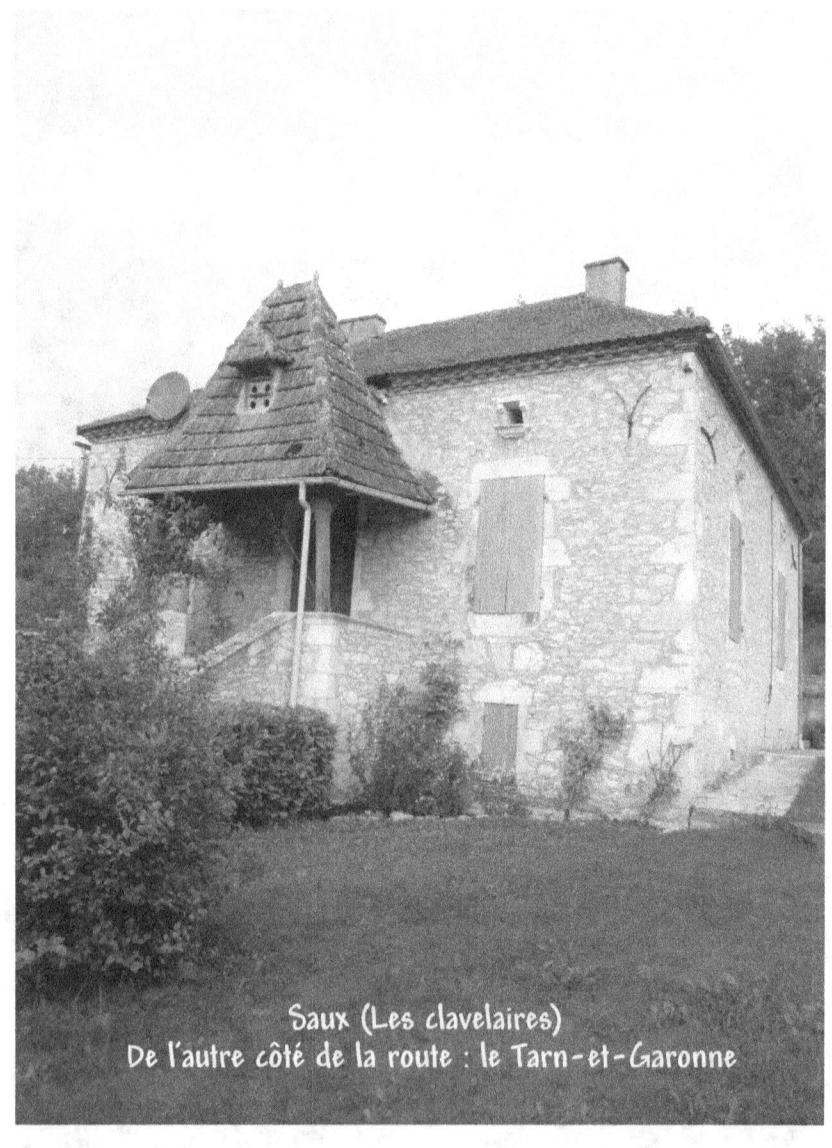

Saux (Les clavelaires)
De l'autre côté de la route : le Tarn-et-Garonne

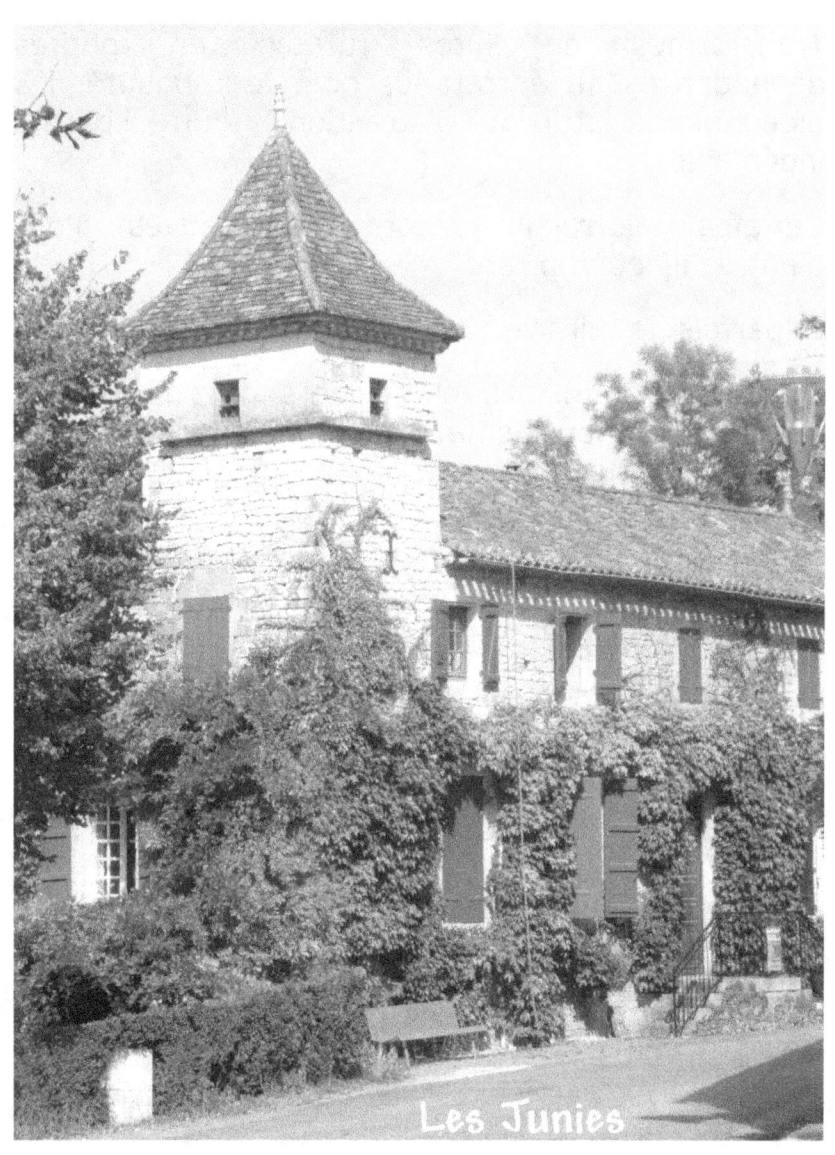

Qu'en faire, des pigeonniers ?

Transformés en gîtes ruraux, en petites dépendances ou entretenus pour leur beauté, les pigeonniers attirent l'attention... un charme indéniable.

Certains pourraient encore être sauvés. Pour d'autres il est trop tard.

Et parfois, le miracle : un pigeonnier en activité !

L'idée de rouvrir les pigeonniers ne semble pas susciter d'enthousiasme. Aucune manifestation "les pigeonniers aux pigeons."

Qu'en faire ?

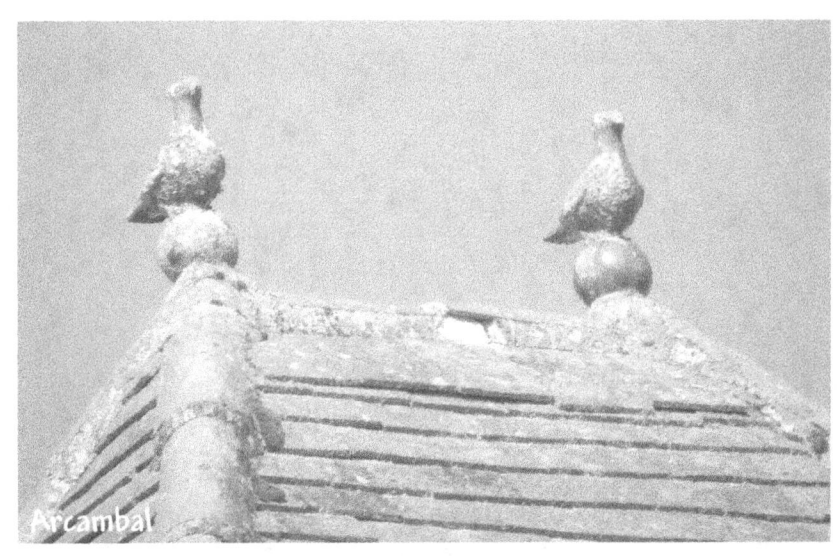

Décorations : épis de faîtages, pierre sculptée

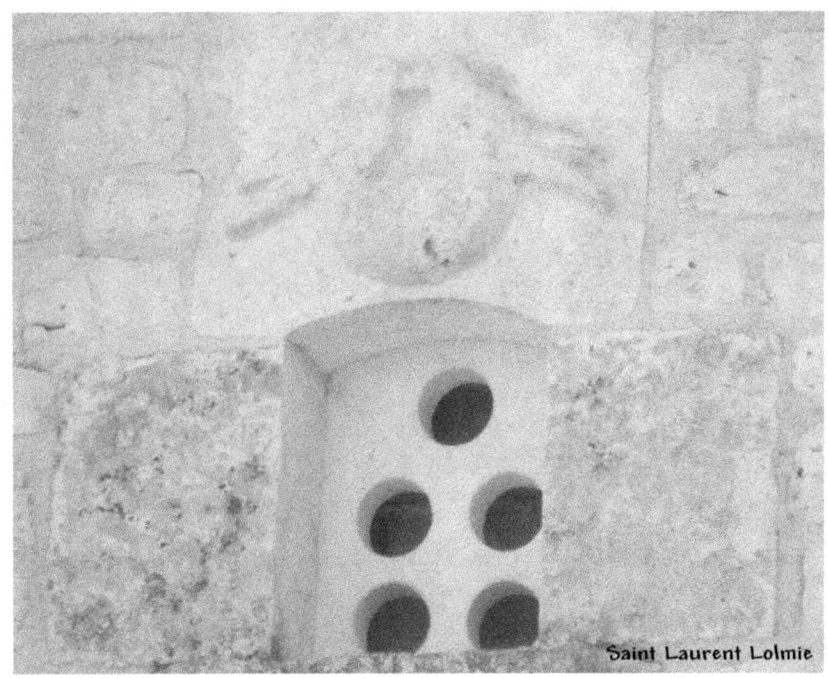

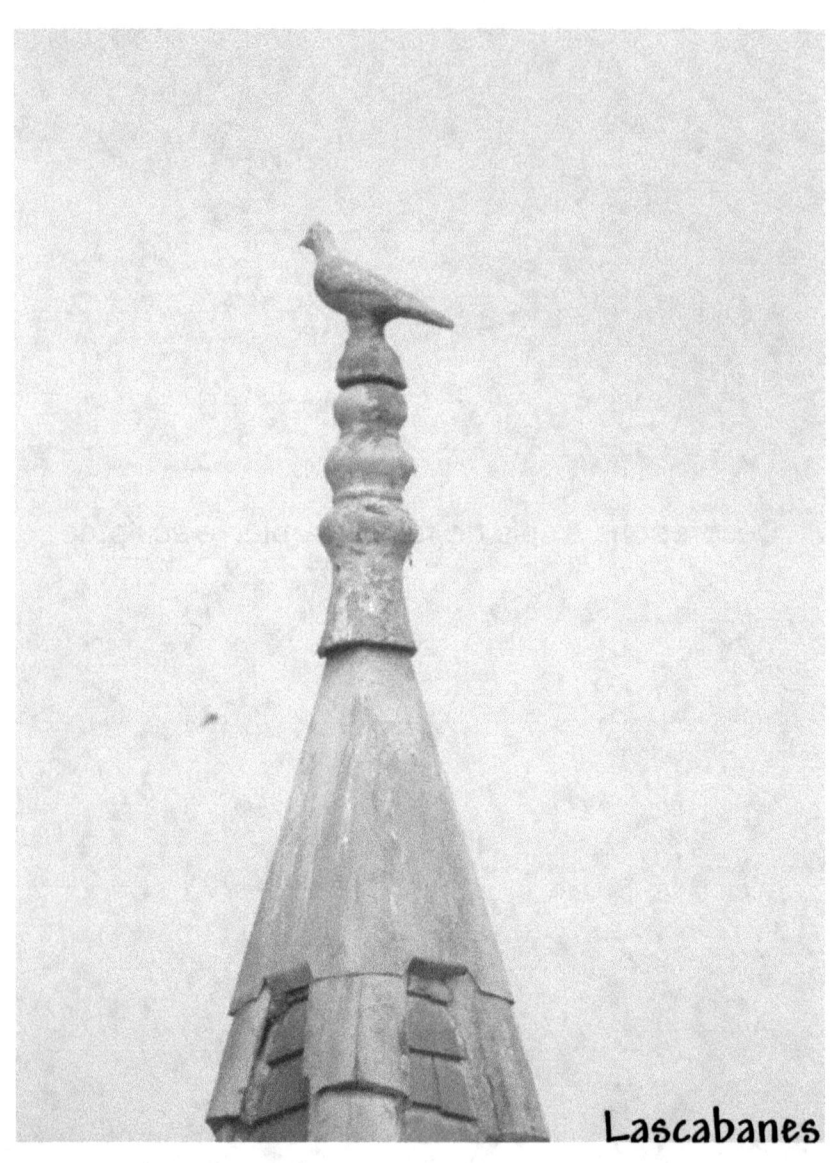

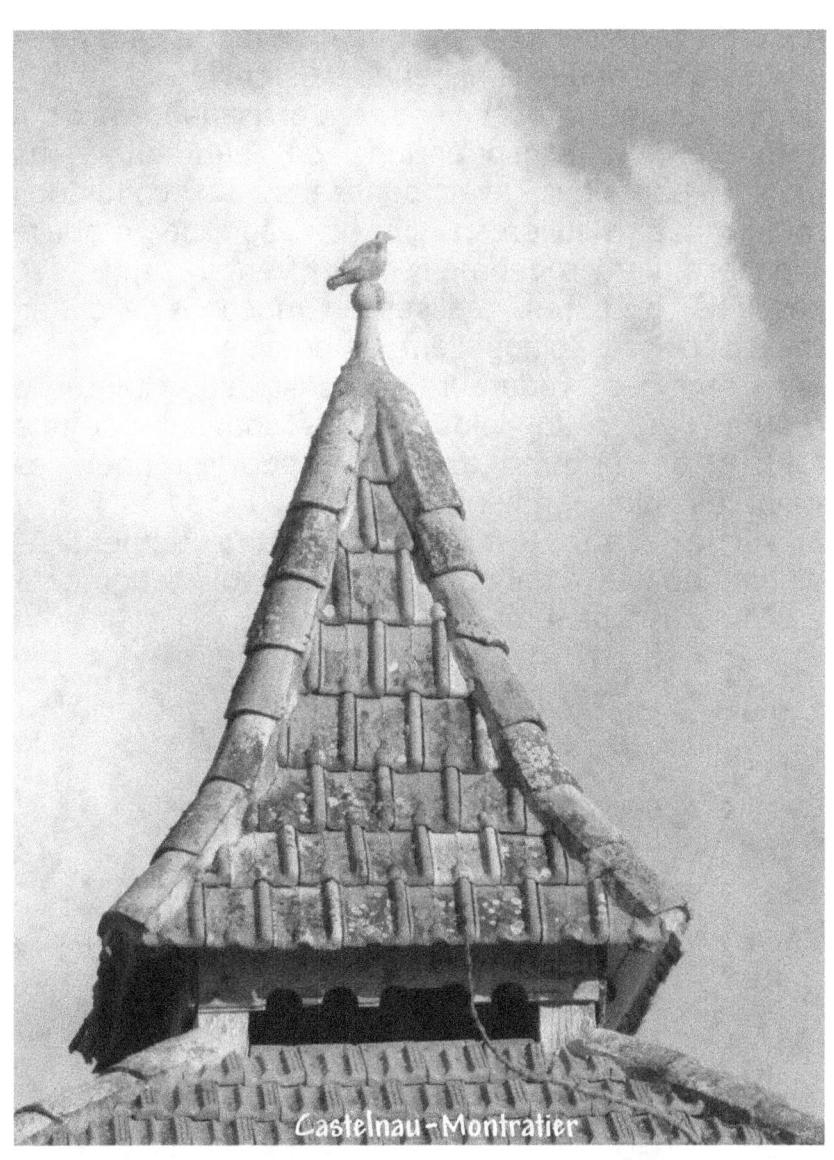

Le savoir-faire d'artisans locaux

Aucun pigeonnier construit "à l'identique" même si parfois de grandes similitudes existent.
Ils proviennent du savoir-faire d'artisans locaux qui naturellement s'inspireraient de bâtiments vus mais s'adaptaient, avec bon sens, aux conditions toujours particulières, que ce soit la matière première, l'environnement ou les vents.
Les nids, préparés, réalisés en maçonnerie ou en paniers tressés, s'appellent les boulins.
Conscient des prédateurs, la construction tente de réduire l'accès aux nids, le plus souvent par une rangée de briques en saillie pour stopper les montées : une randière.
Et sur le faîtage, le plus souvent un ornement les distingue. Un landerneau d'envol augmente également la beauté.

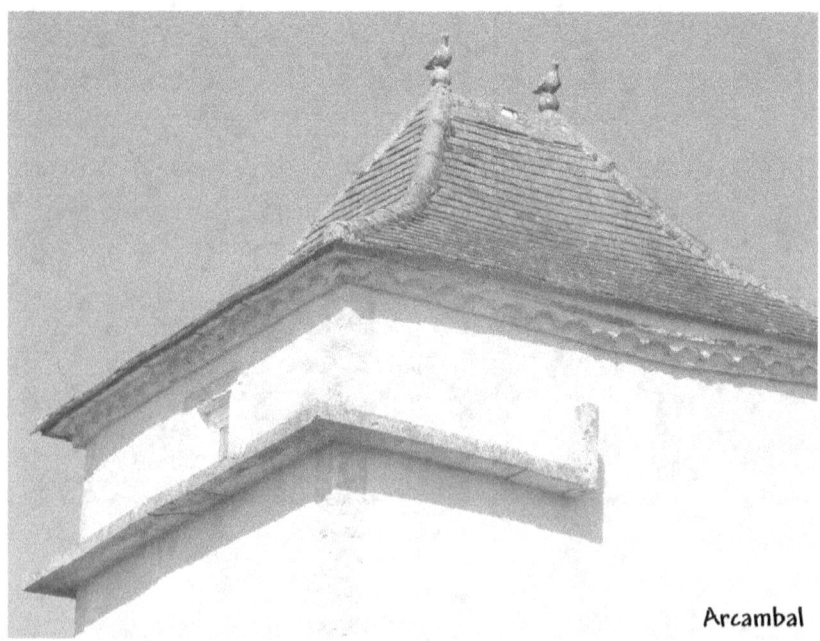

Arcambal

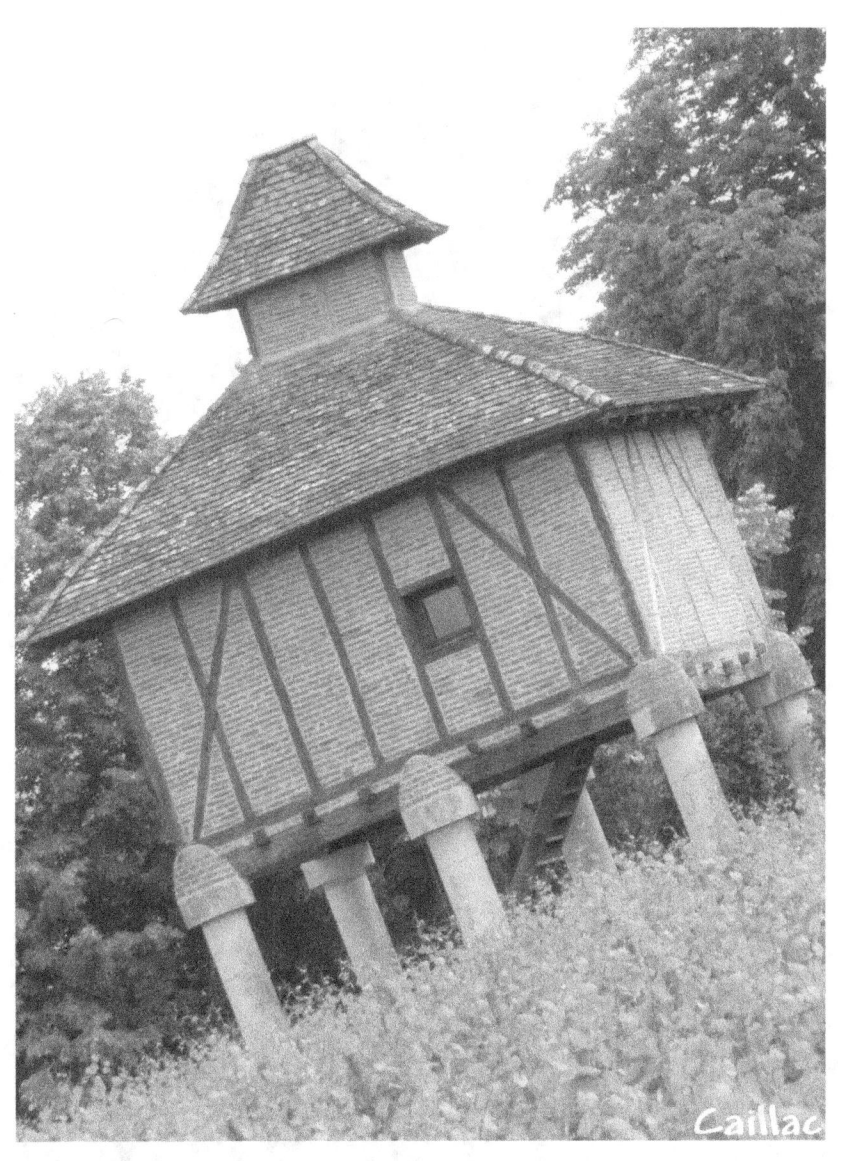

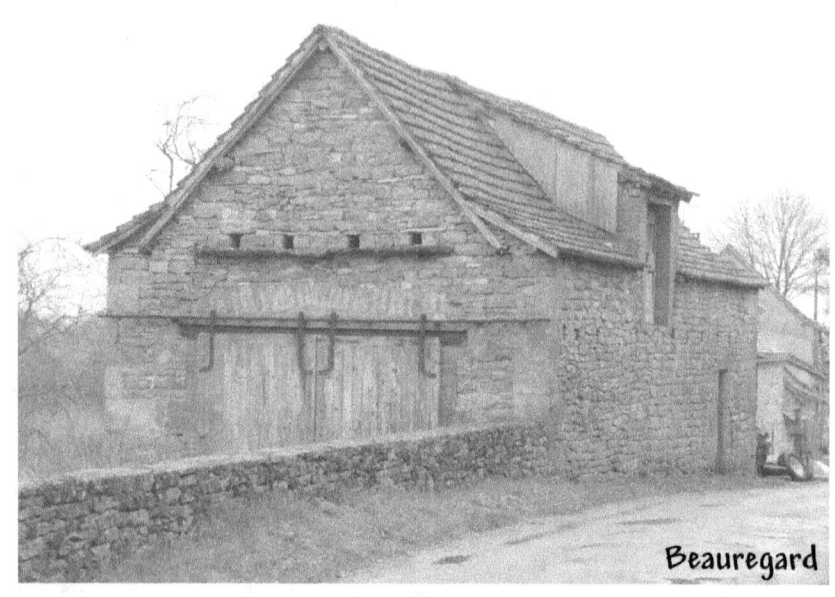

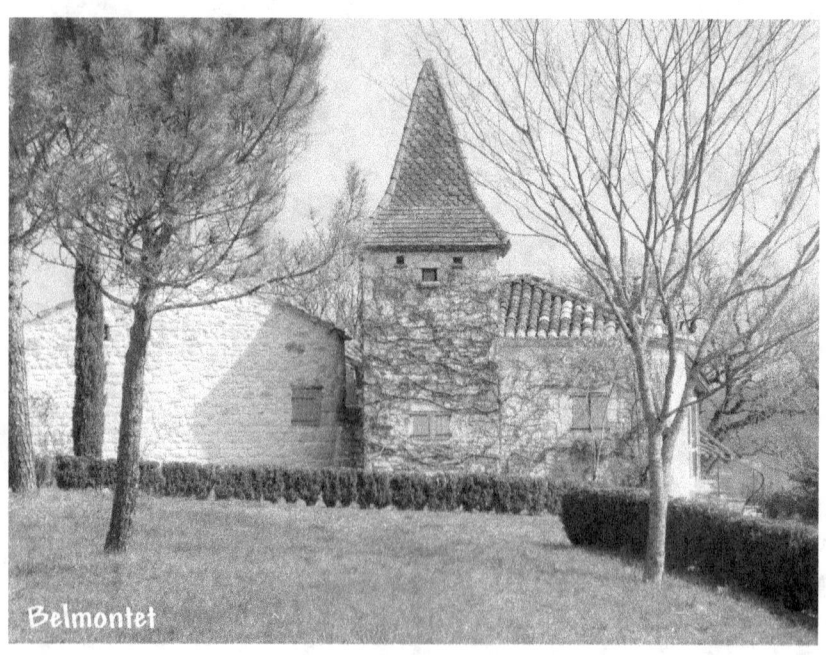

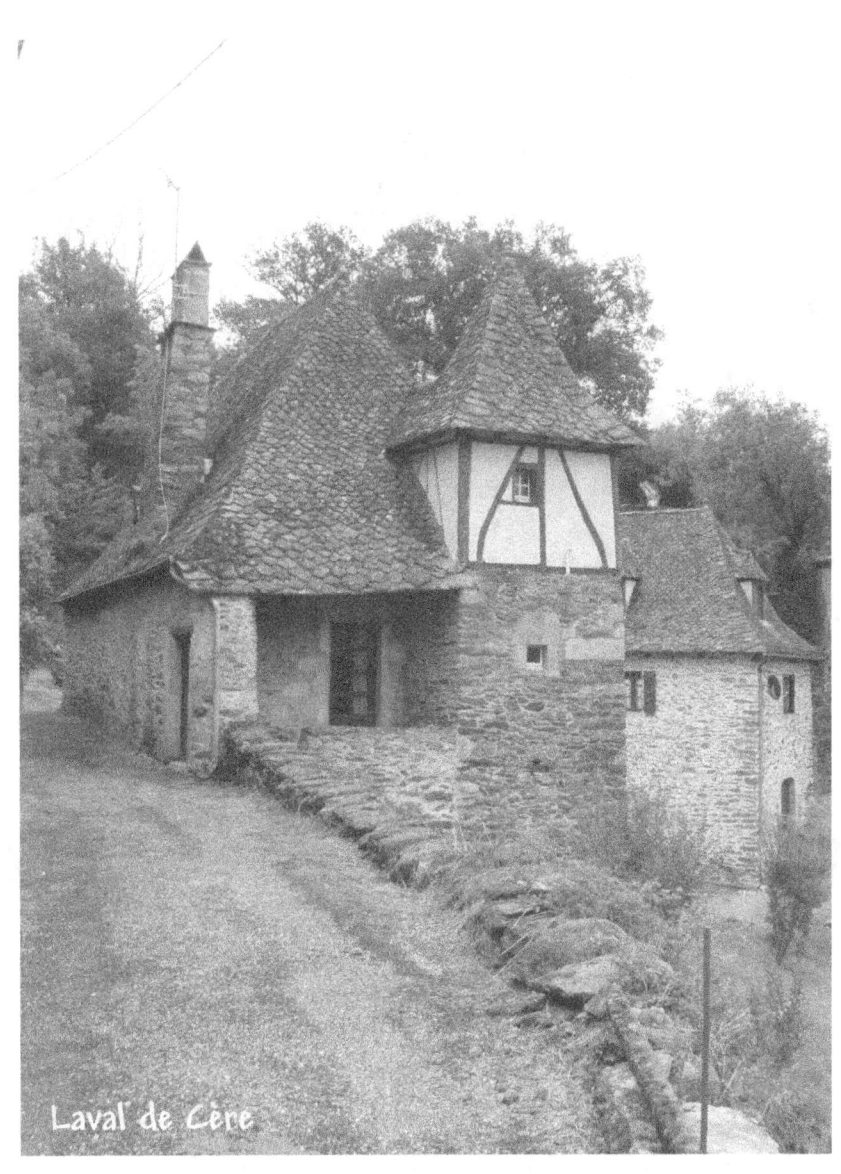

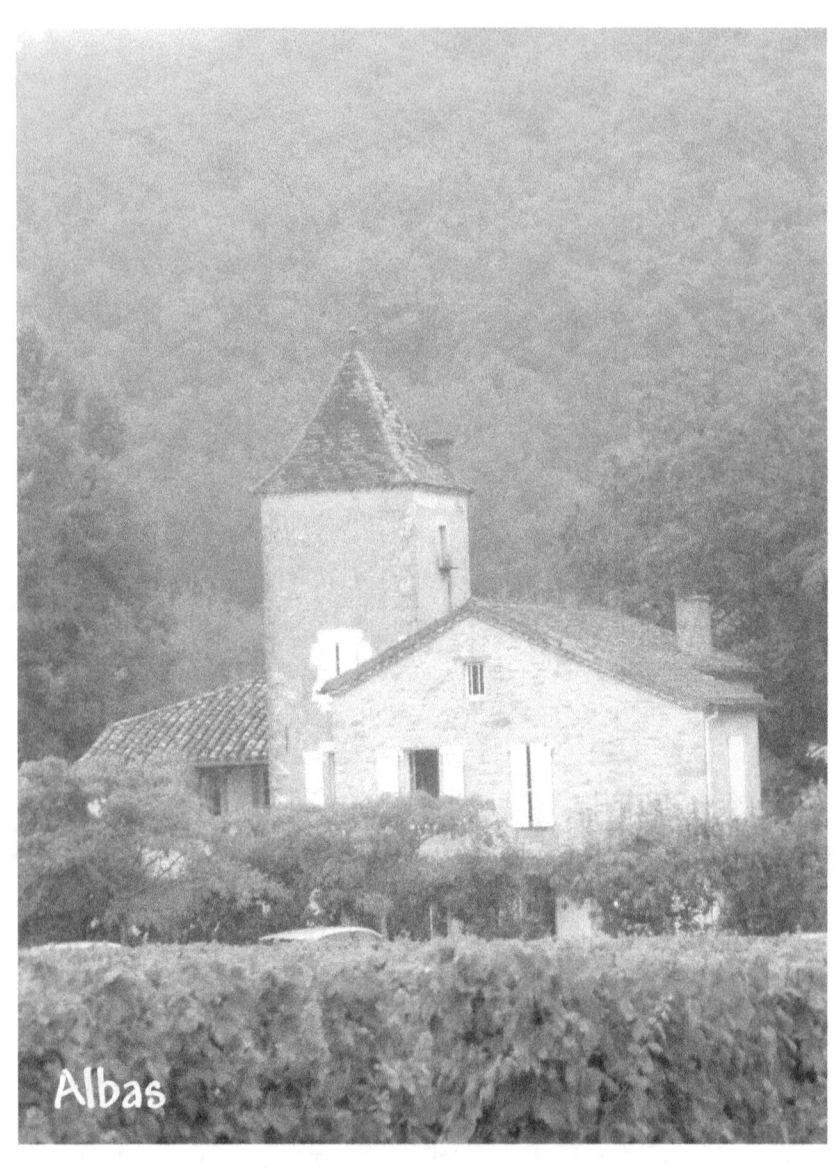

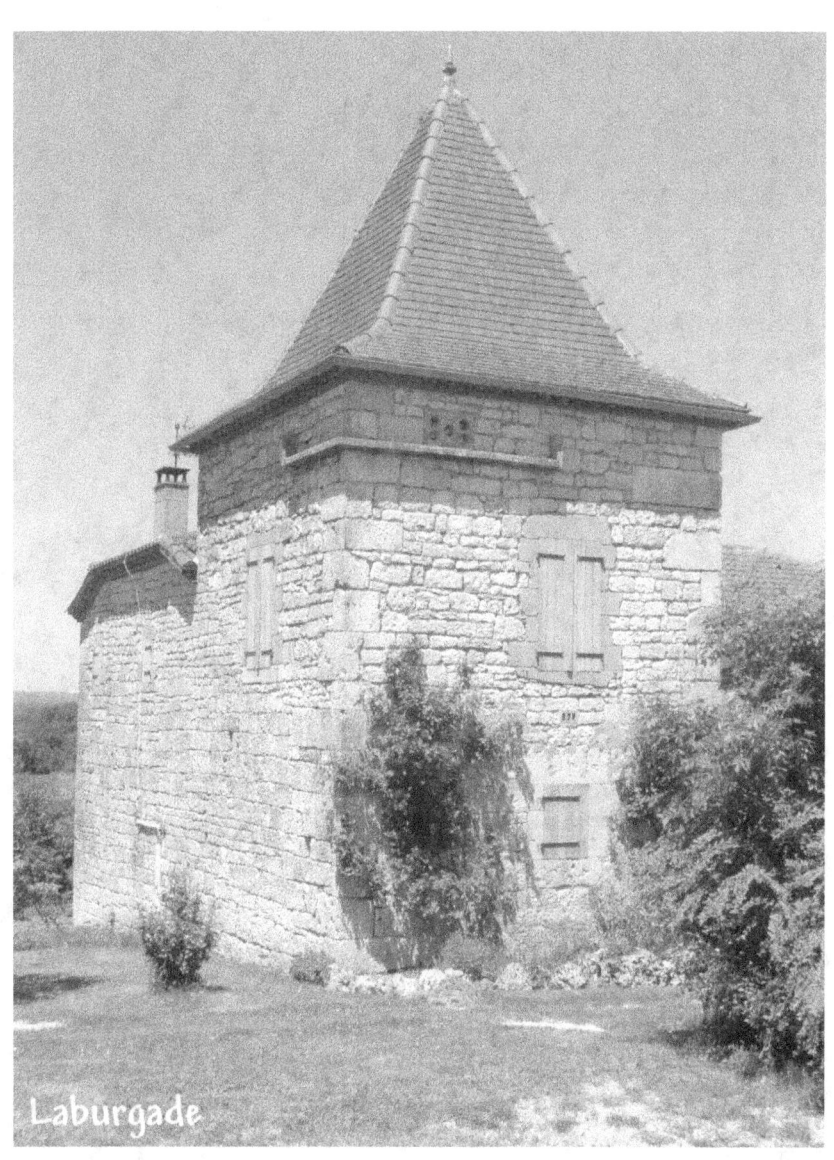

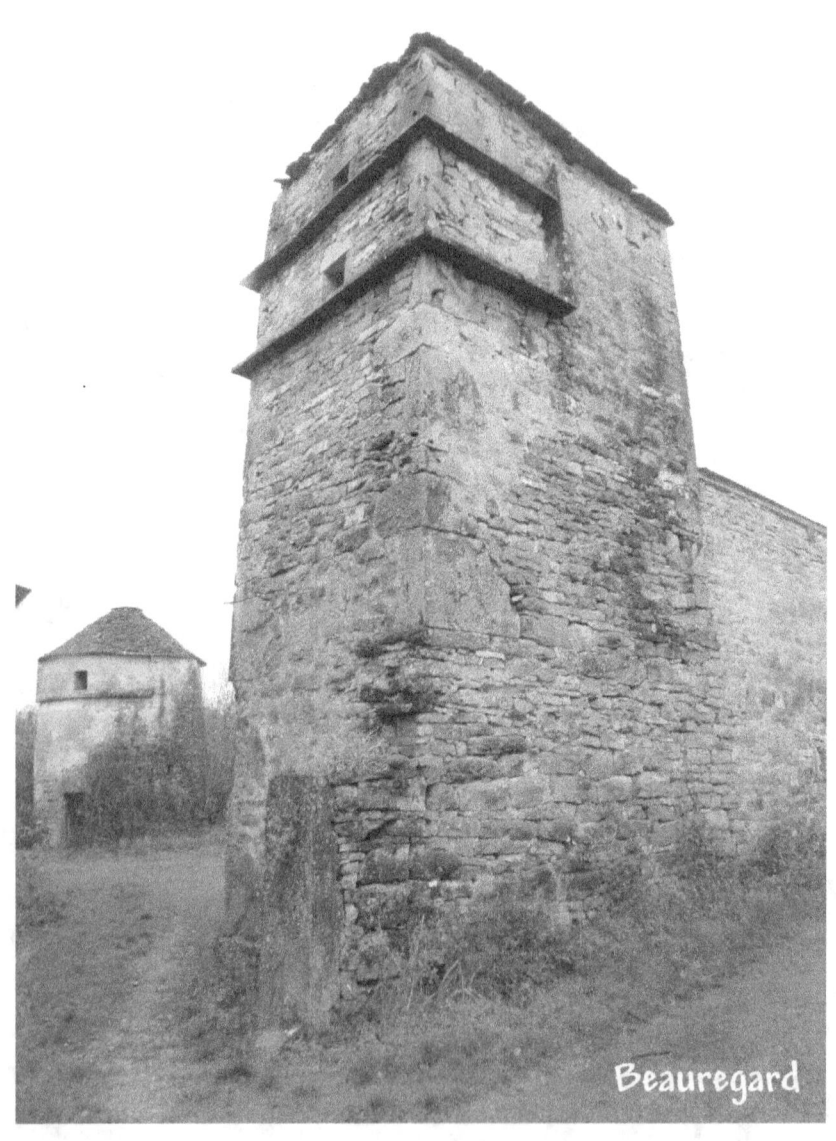

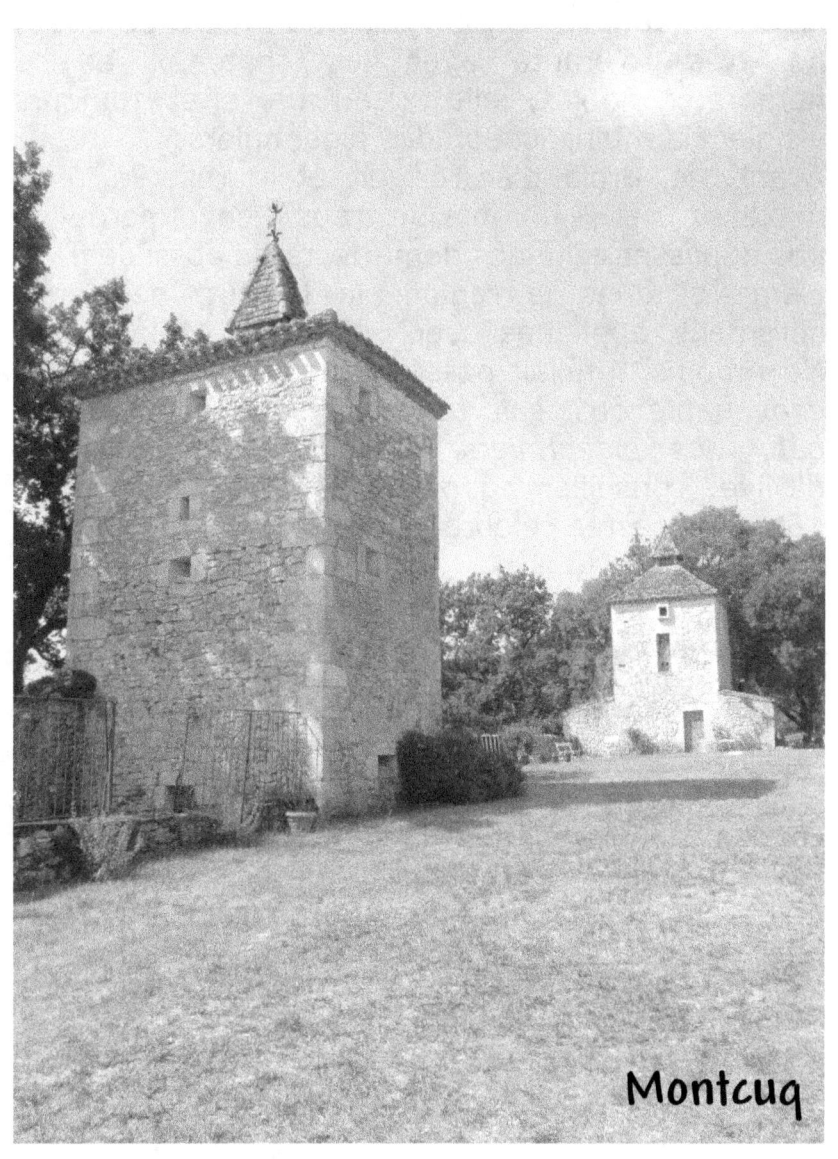

De la Révolution

Même si, dans le Lot, la Révolution (celle de 1789) fut très tolérante avec les châteaux et de nombreux nobles, elle a eu un effet toujours visible : la multiplication des pigeonniers.

Avant, le droit d'en ériger était réservé à la noblesse... et le nombre de trous d'envol ne devait pas dépasser celui des demi-hectares possédés.

Même si dans la région, la loi fut, peut-être, sûrement, appliquée avec une grande tolérance... Néanmoins, il fallait posséder des terres... « *Il est convenable qu'il soit permis à tout le monde de bâtir des pigeonniers.* » La phrase de Simon d'Olive, conseiller au parlement de Toulouse, en 1682, est restée célèbre.

Les pigeons, c'était de la nourriture.

Les pigeons, c'était la colombine, un engrais recherché, la fiente.

On sait également que l'urine de pigeon (son acide urique) a servi pour teindre les tissus.

Mais "le progrès" est passé par là et les engrais chimiques ont ringardisé la fiente du pigeon.

Les pigeons sont accusés de commettre de nombreux dégâts, dont les toitures des églises.

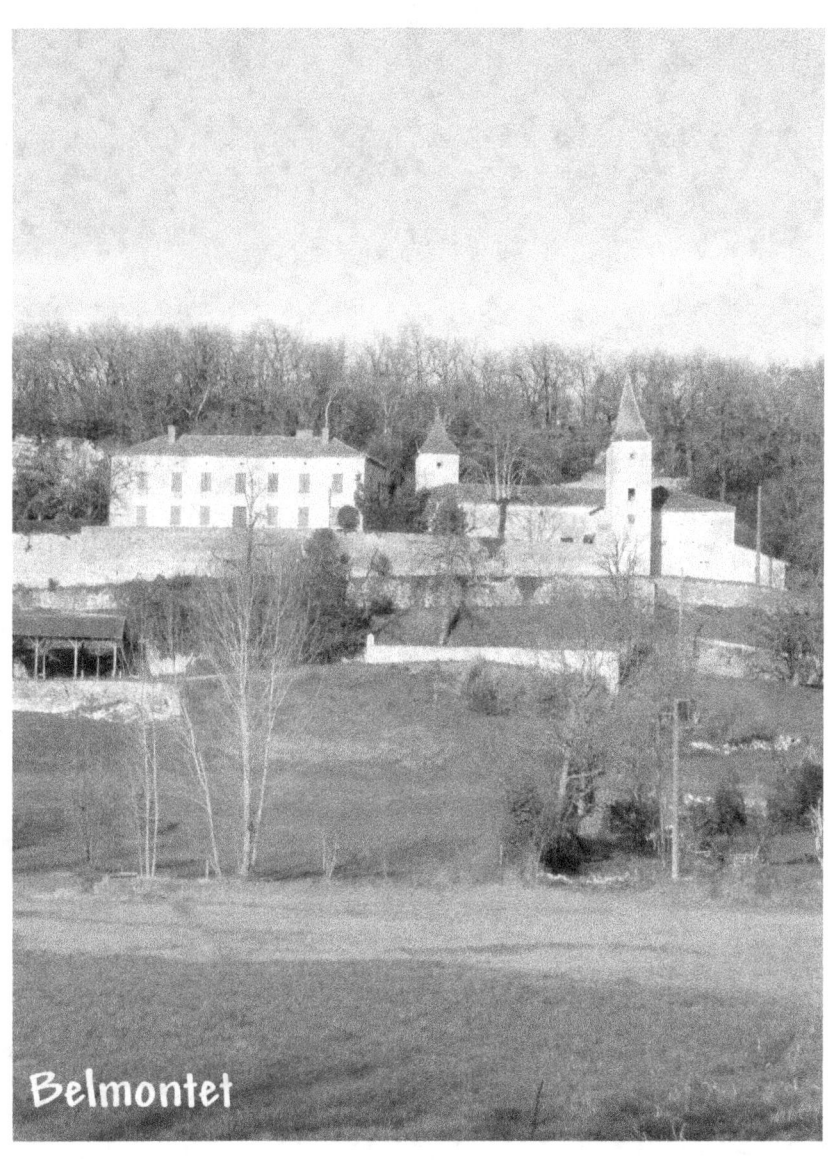

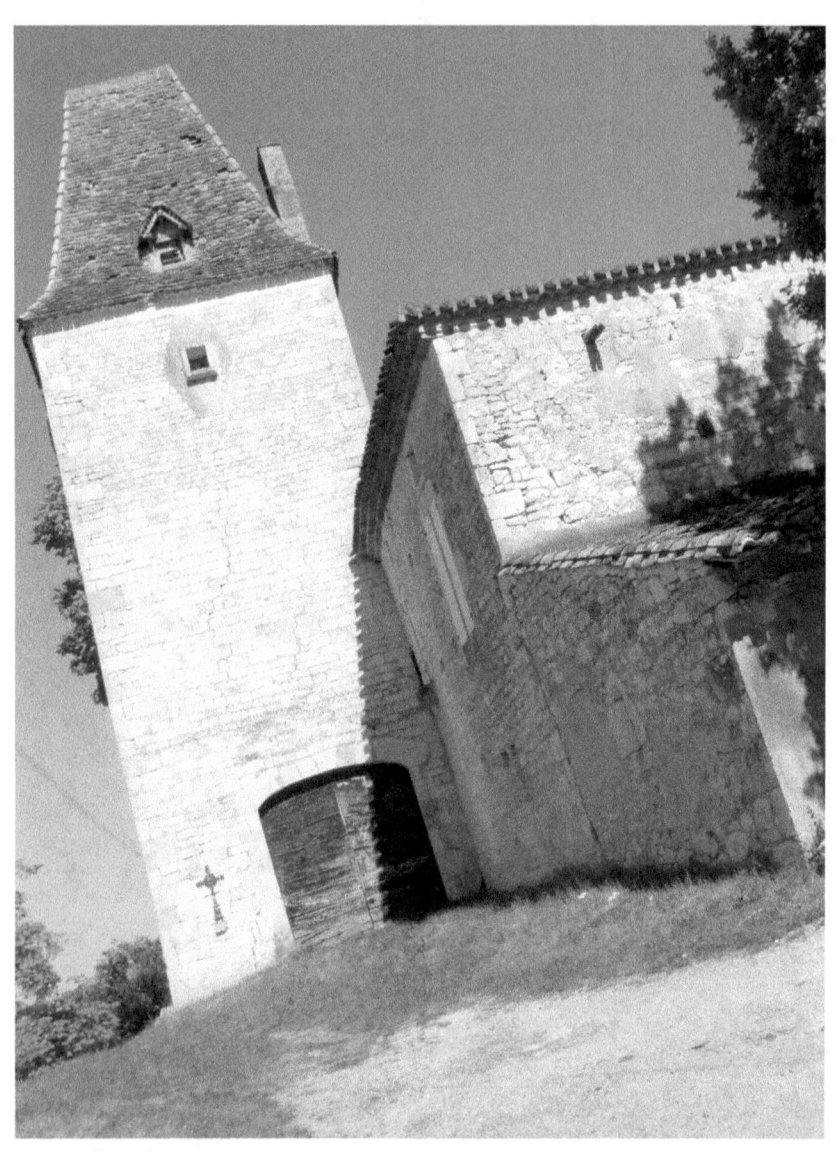

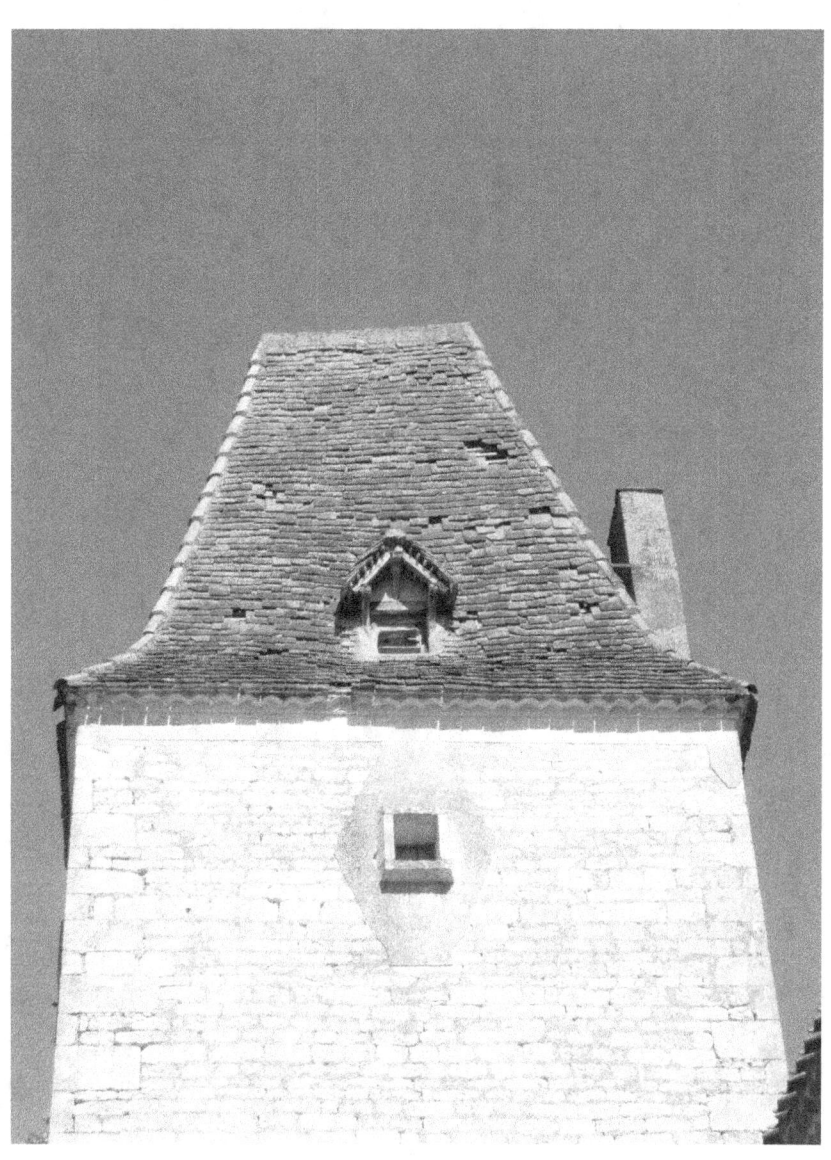

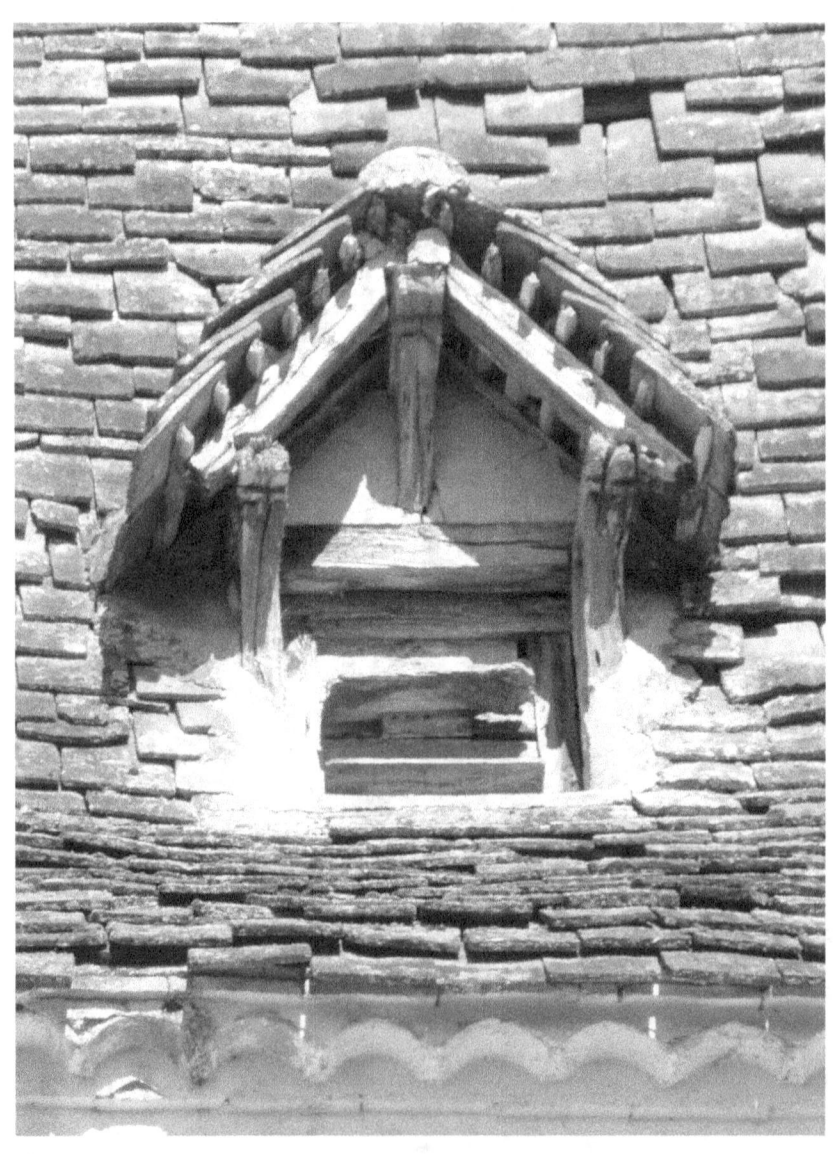

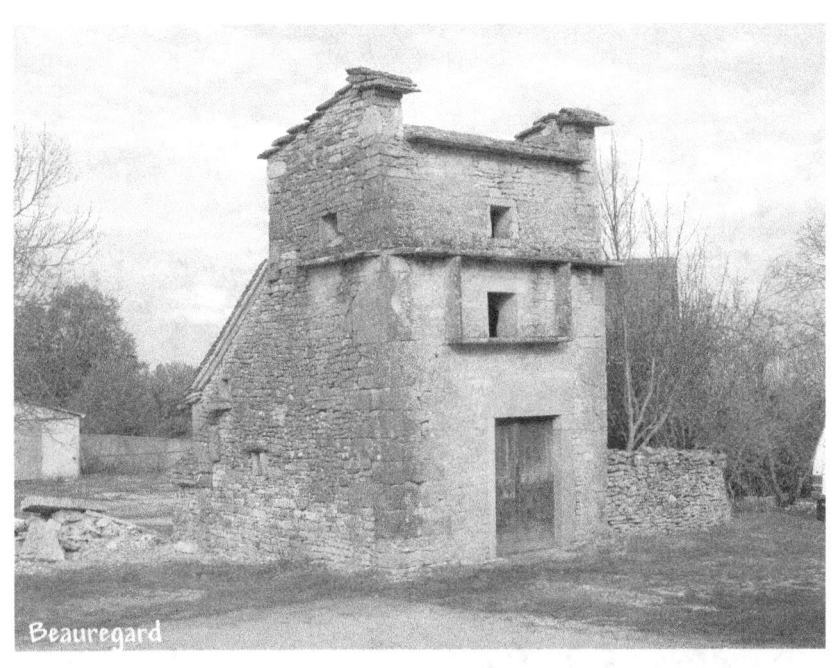
Beauregard

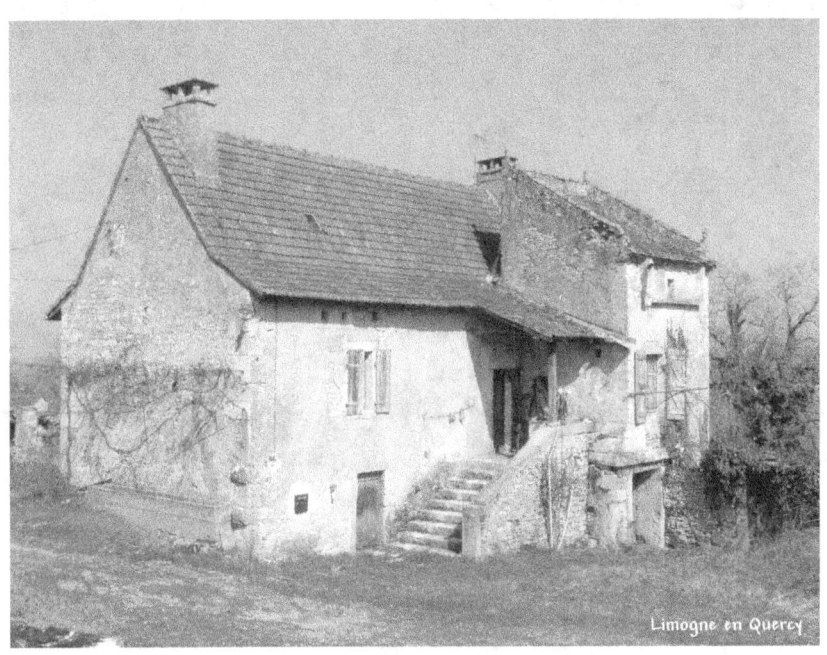
Limogne en Quercy

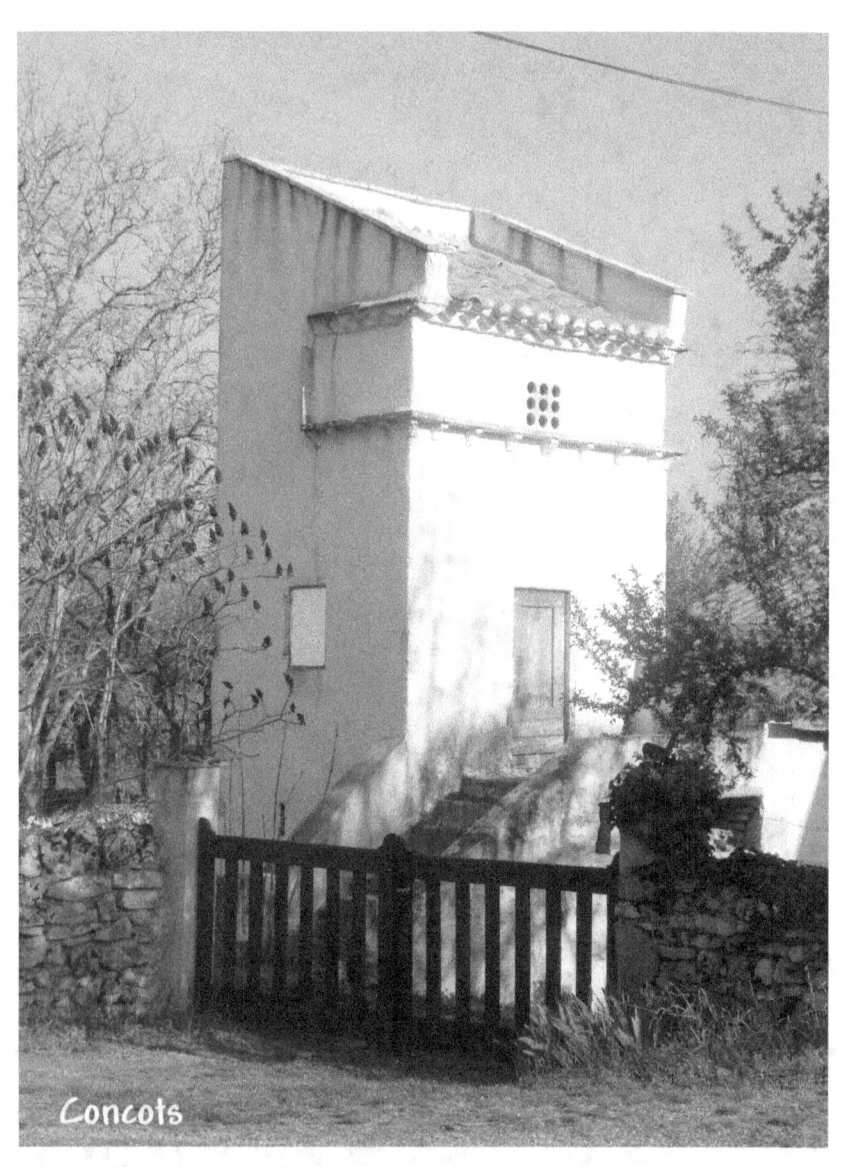

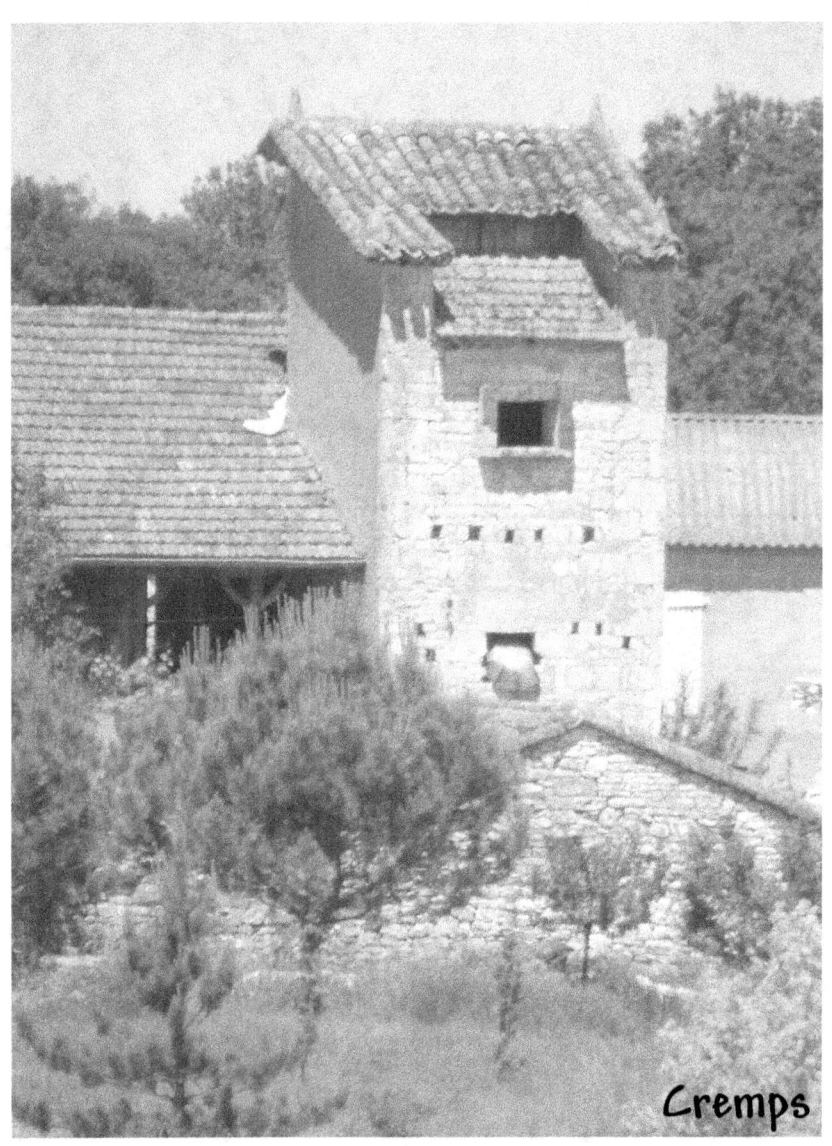
Cremps

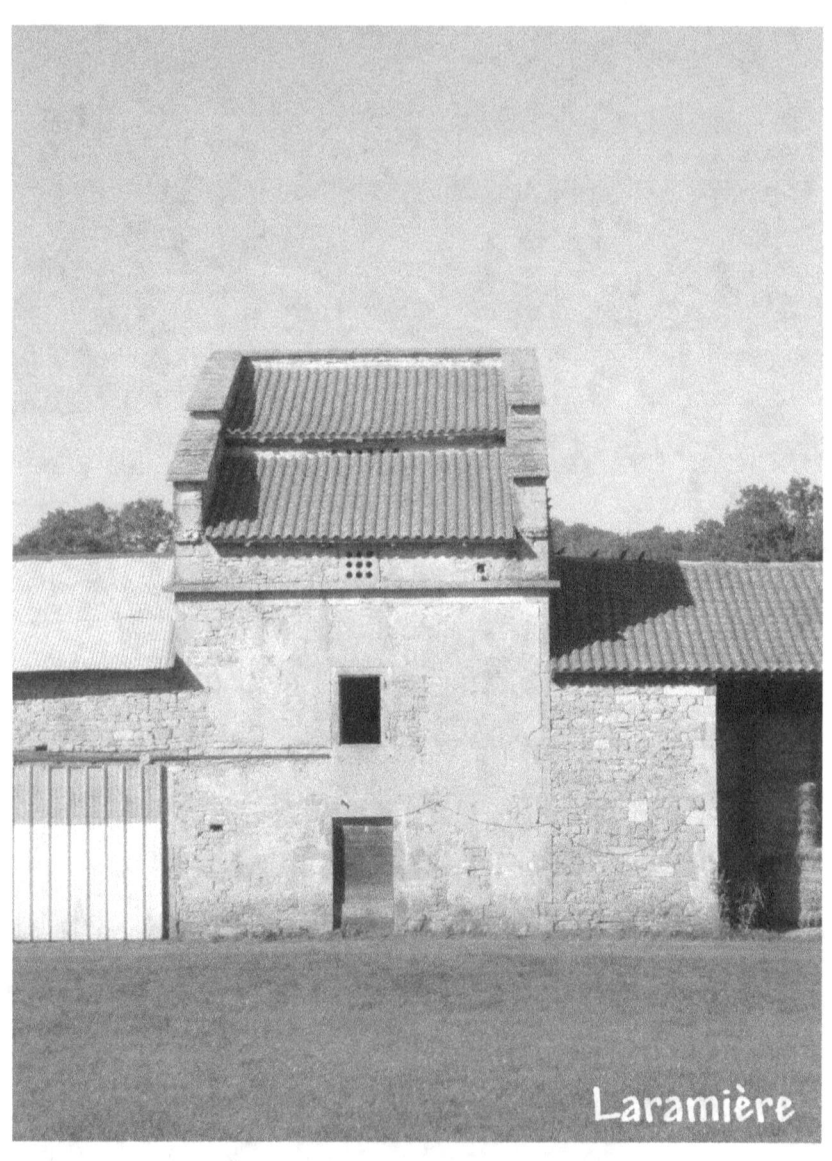

Des tôles en attendant mieux
ou du provisoire définitif ?

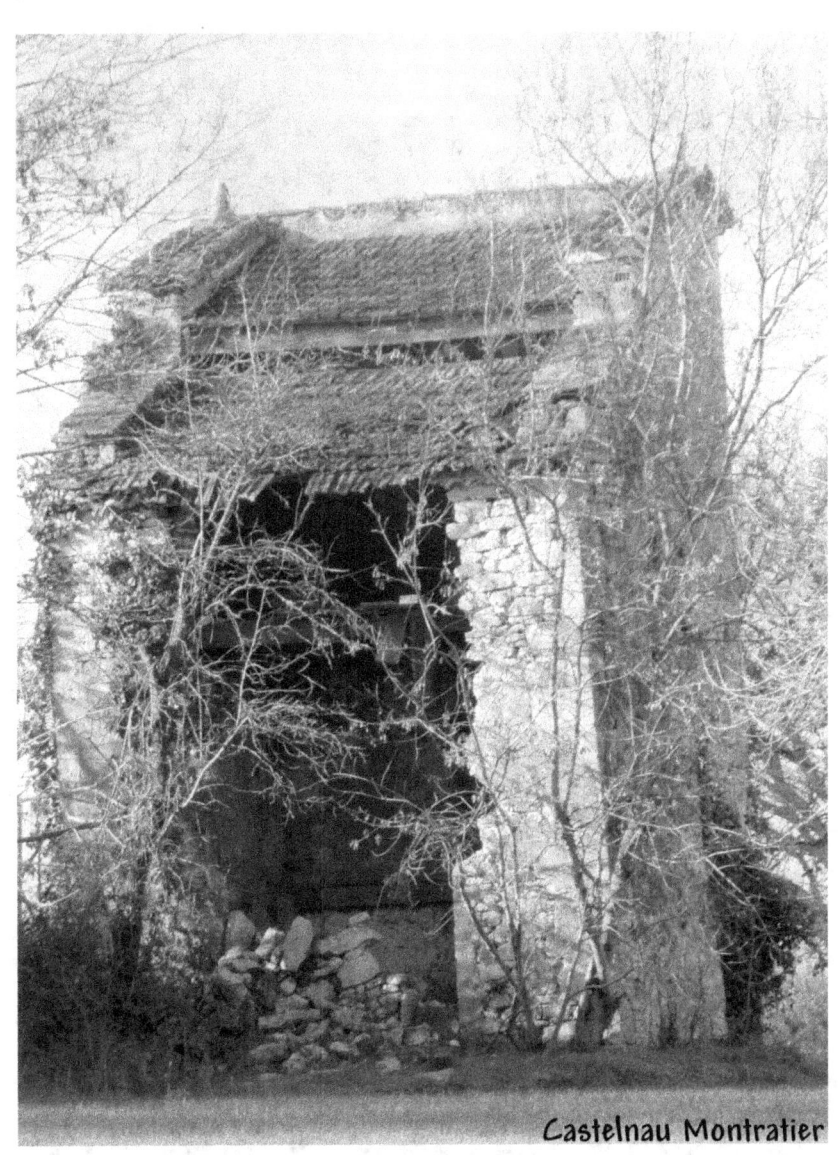
Castelnau Montratier

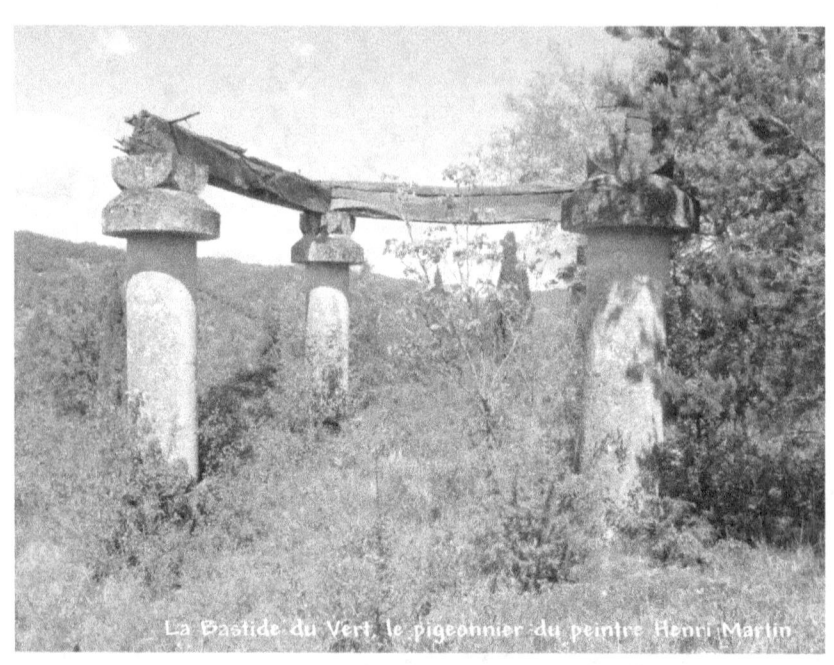
La Bastide du Vert, le pigeonnier du peintre Henri Martin

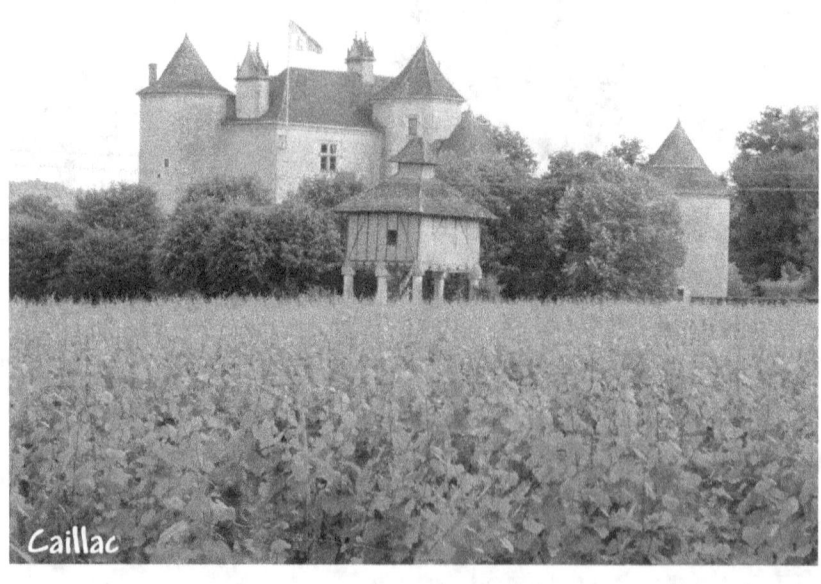
Caillac

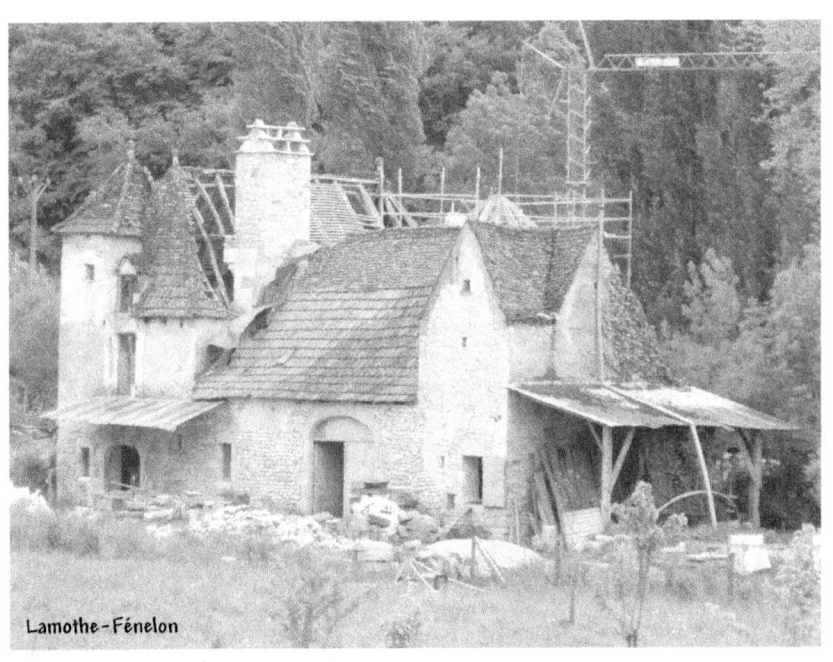
Lamothe-Fénelon

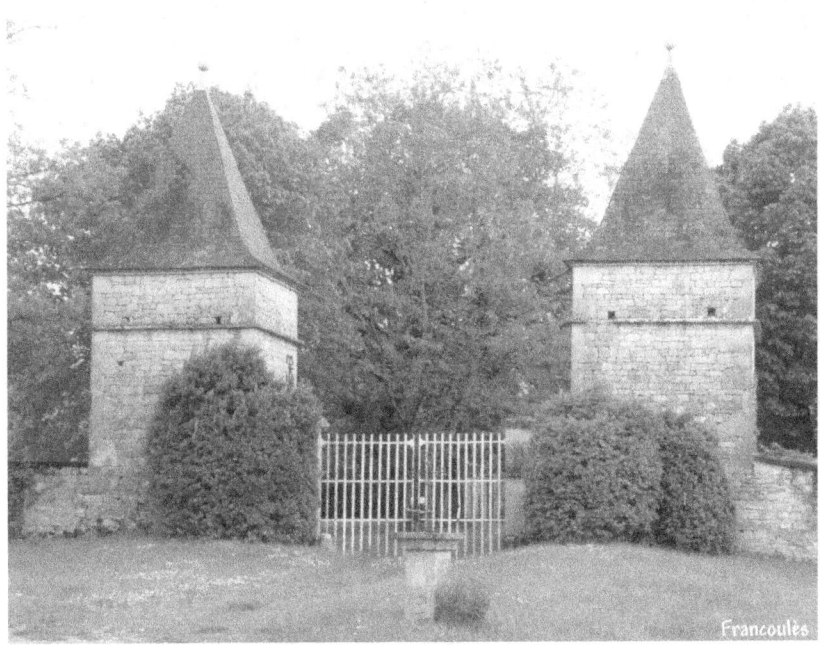
Francoulès

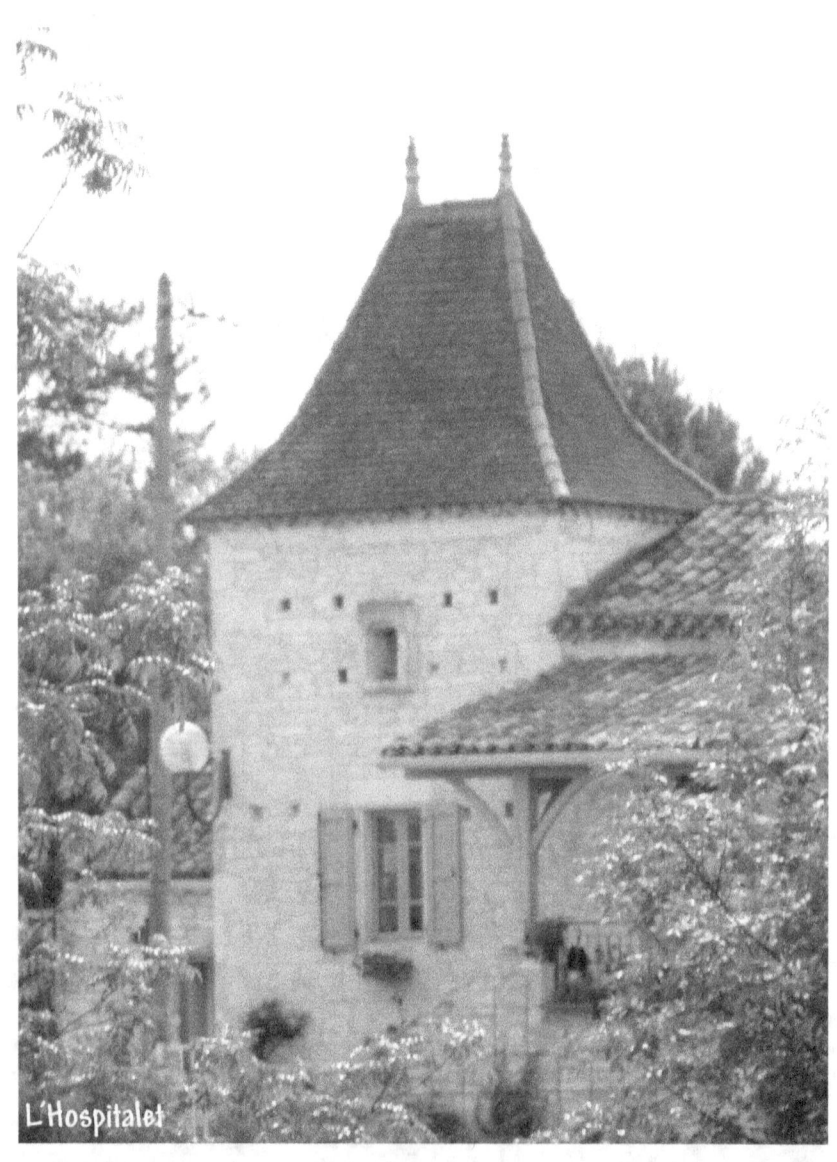

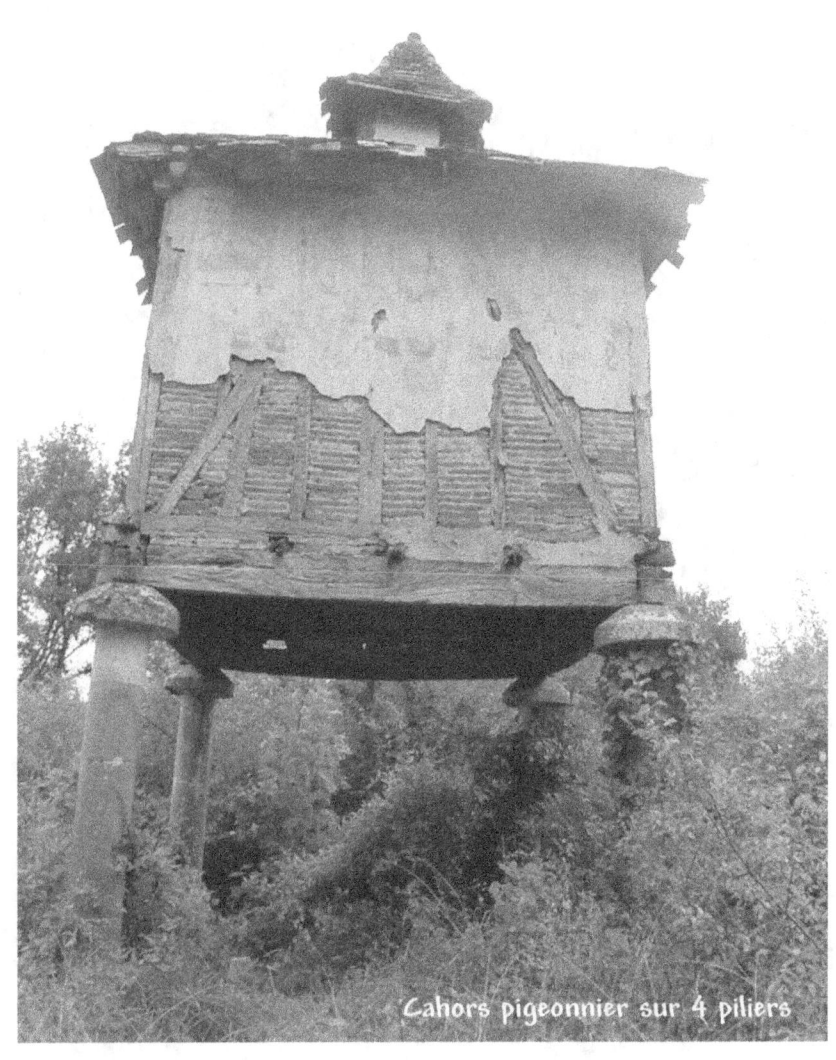
Cahors pigeonnier sur 4 piliers

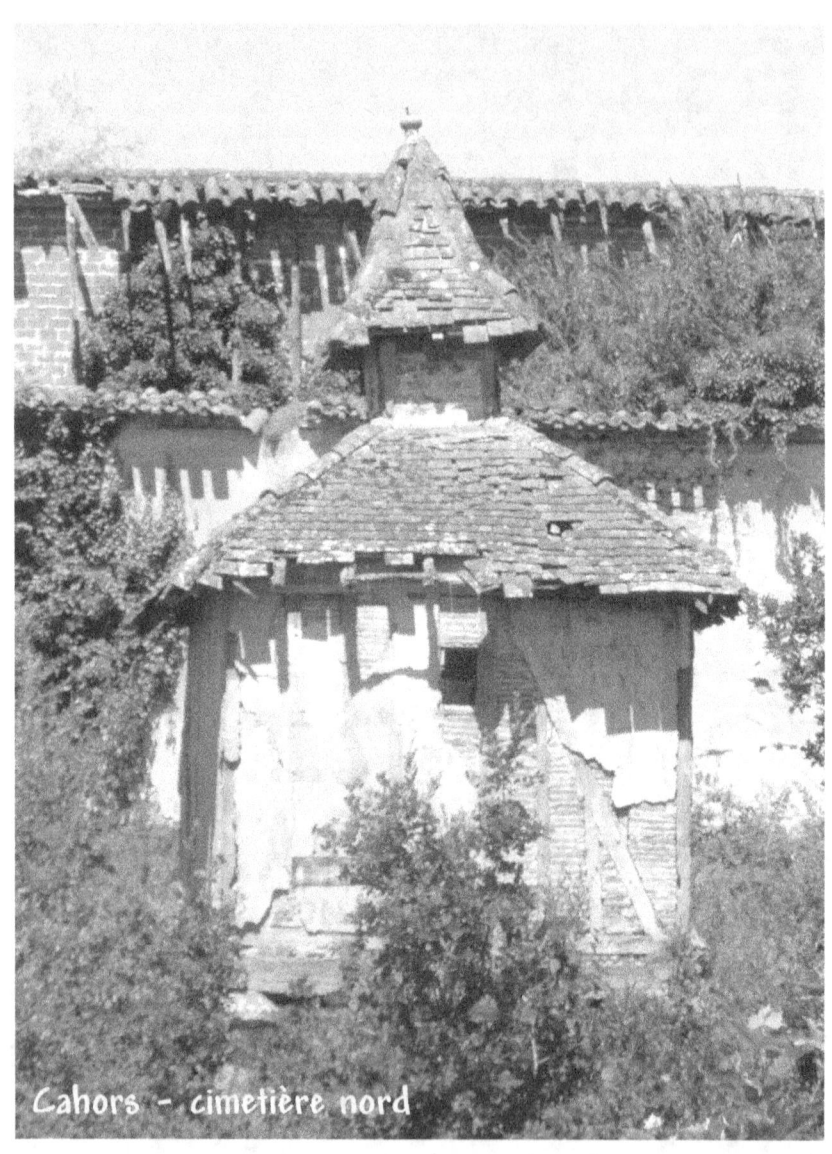
Cahors - cimetière nord

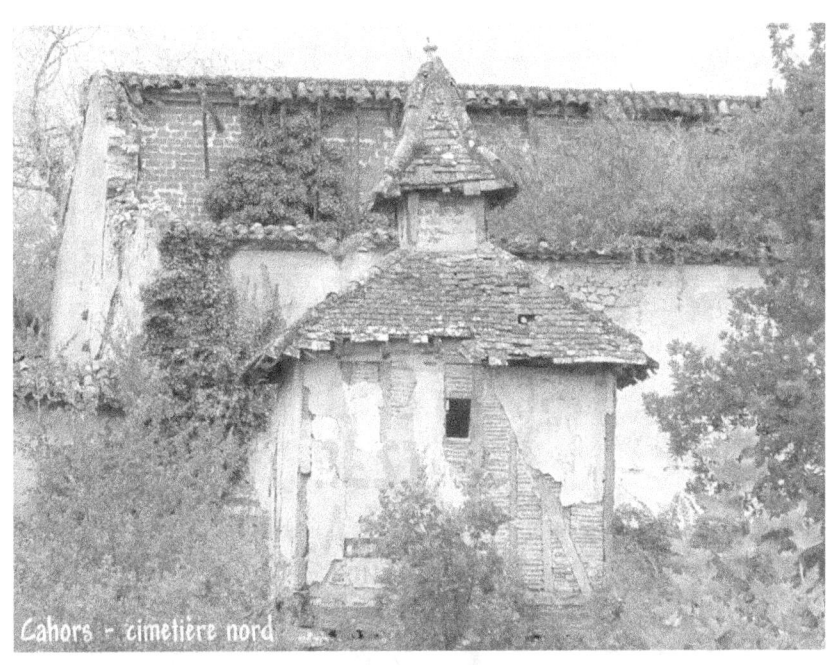

Cahors - cimetière nord

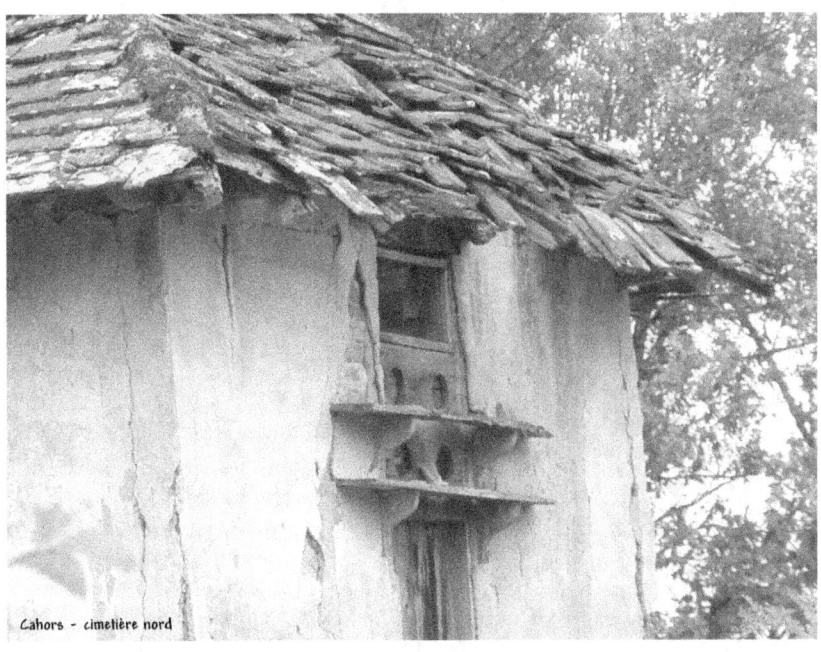

Cahors - cimetière nord

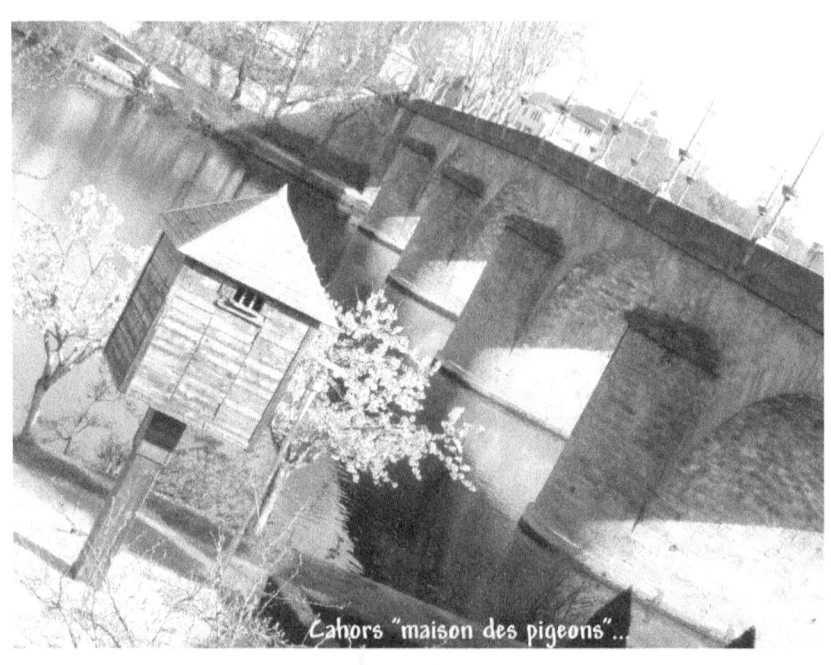

Cahors "maison des pigeons"...

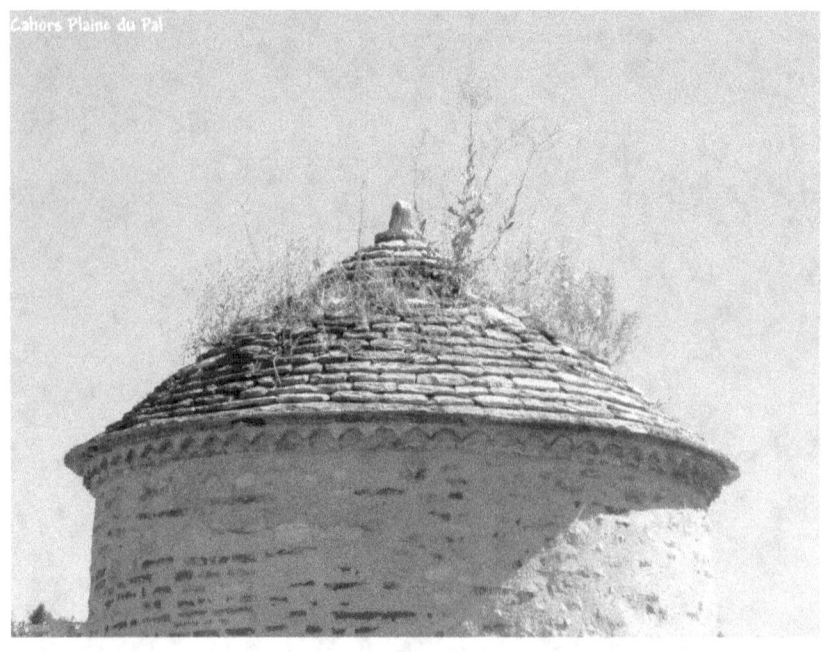

Cahors Plaine du Pal

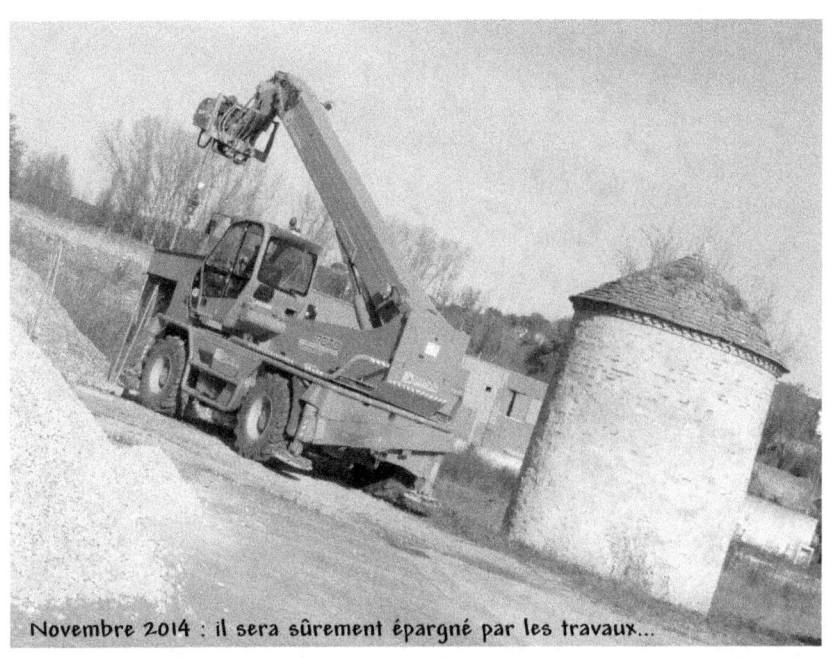

Novembre 2014 : il sera sûrement épargné par les travaux...

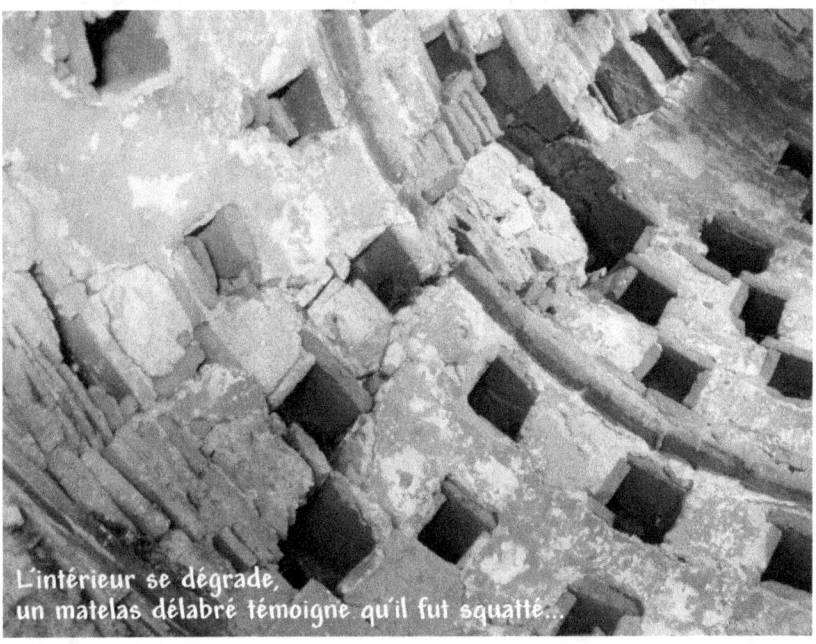

L'intérieur se dégrade, un matelas délabré témoigne qu'il fut squatté...

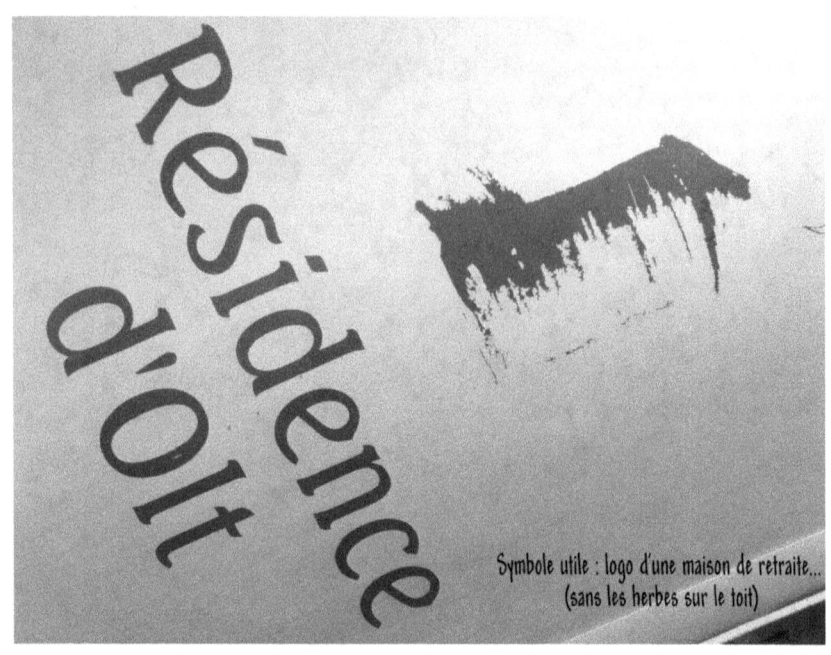

Symbole utile : logo d'une maison de retraite... (sans les herbes sur le toit)

Y'a des pigeonniers à Cahors ? S'étonnent des cadurciens à l'exposé de mon projet...

Témoins d'une approche de classe du patrimoine des bourgeois de Cahors, même quand ils se prétendent socialistes : l'abandon des pigeonniers. Celui par exemple "du cimetière Nord", qui plus est un des rares sur piliers, constituerait une magnifique porte d'entrée mais la commune semble préférer se lier aux viticulteurs ! Un vigneron y pensera peut-être un jour !

Novembre 2014 : il sera sûrement épargné par les travaux... L'intérieur se dégrade, un matelas délabré témoigne qu'il fut squatté... Un symbole utile : logo d'une maison de retraite... (sans les herbes sur le toit)

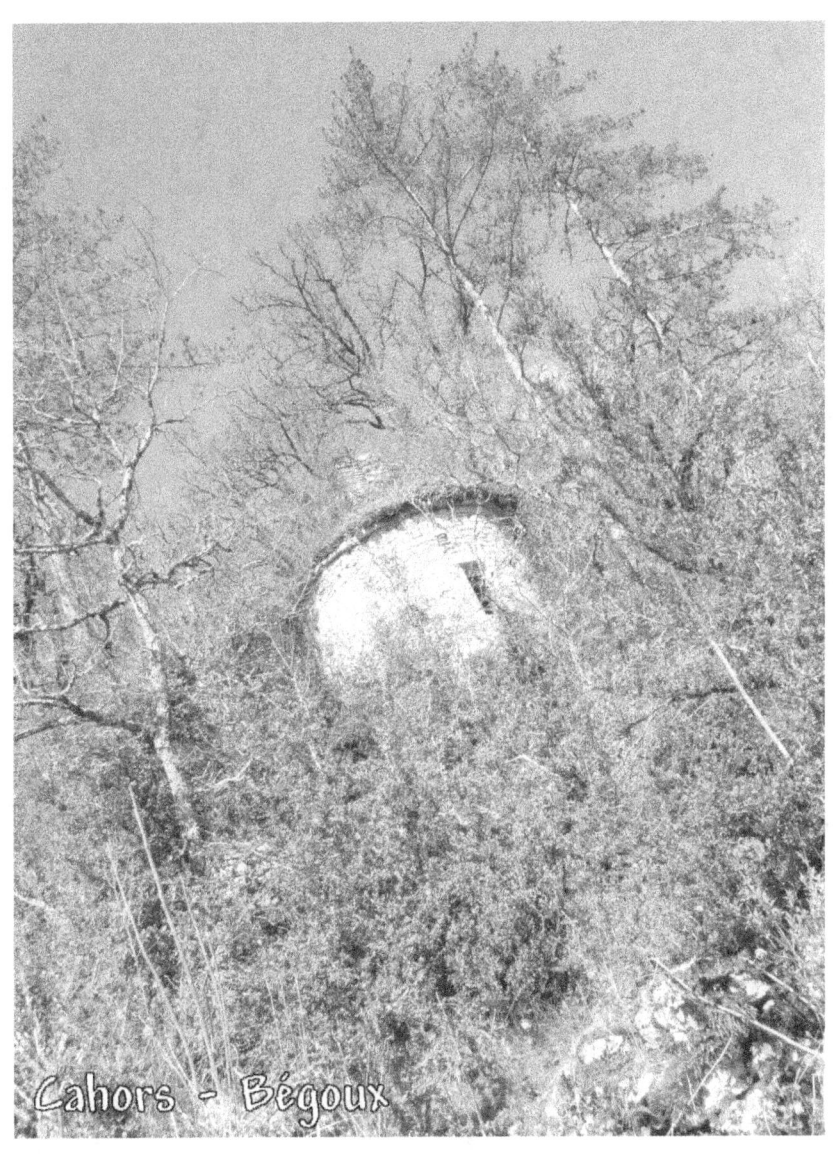

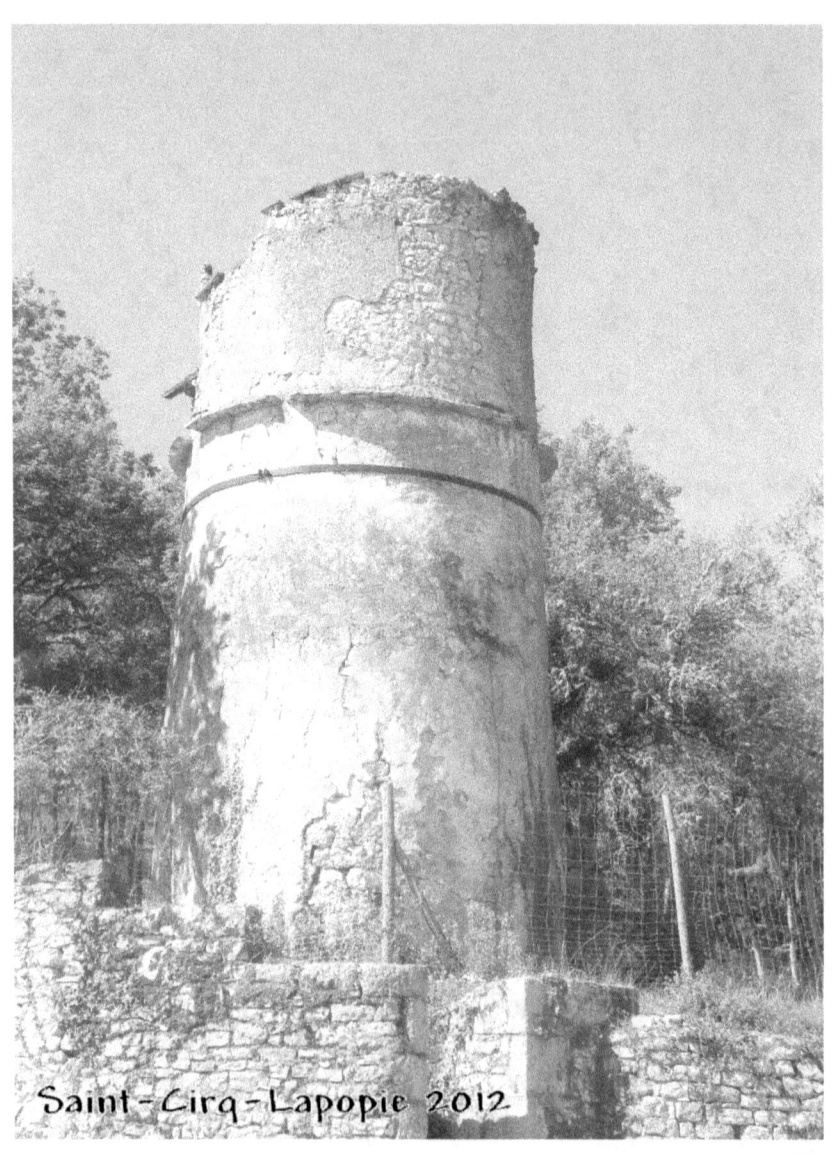

Des pierres rarement protégées

Nos pigeonniers sont, le plus souvent, comme les habitations de cette époque, en pierres blanches. Donc magnifiques !

Rares inscriptions aux Monuments Historiques : le pigeonnier porche de Lavergne, celui de la butte de Saint-Cirq-Lapopie, restauré après la publication du livre *Saint-Cirq-Lapopie, le plus beau village de France ?* stigmatisant son délabrement... malheureusement un affreux crépi a recouvert ses pierres plutôt que de les mettre en valeur !

Le pigeonnier peut devenir municipal, un symbole, comme à Lalbenque...

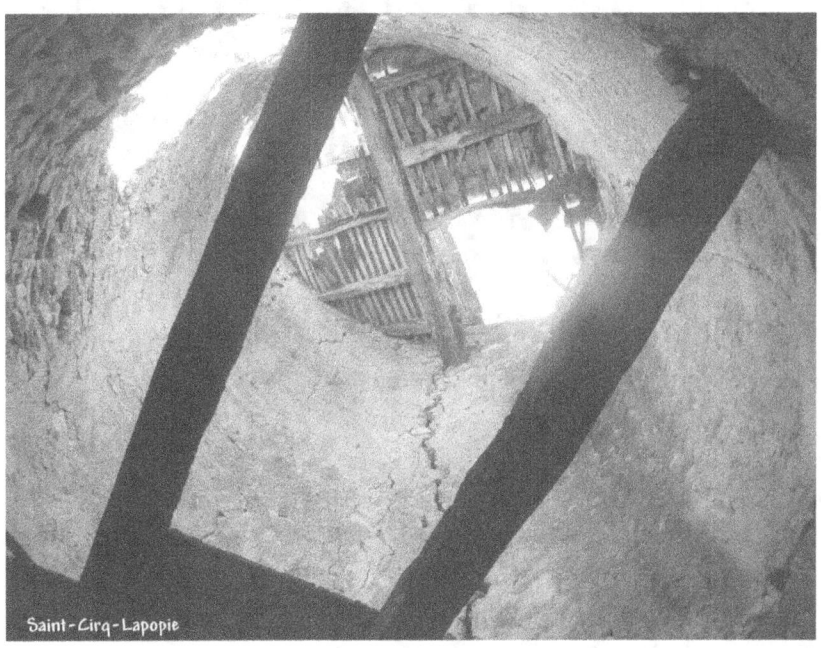

Saint-Cirq-Lapopie

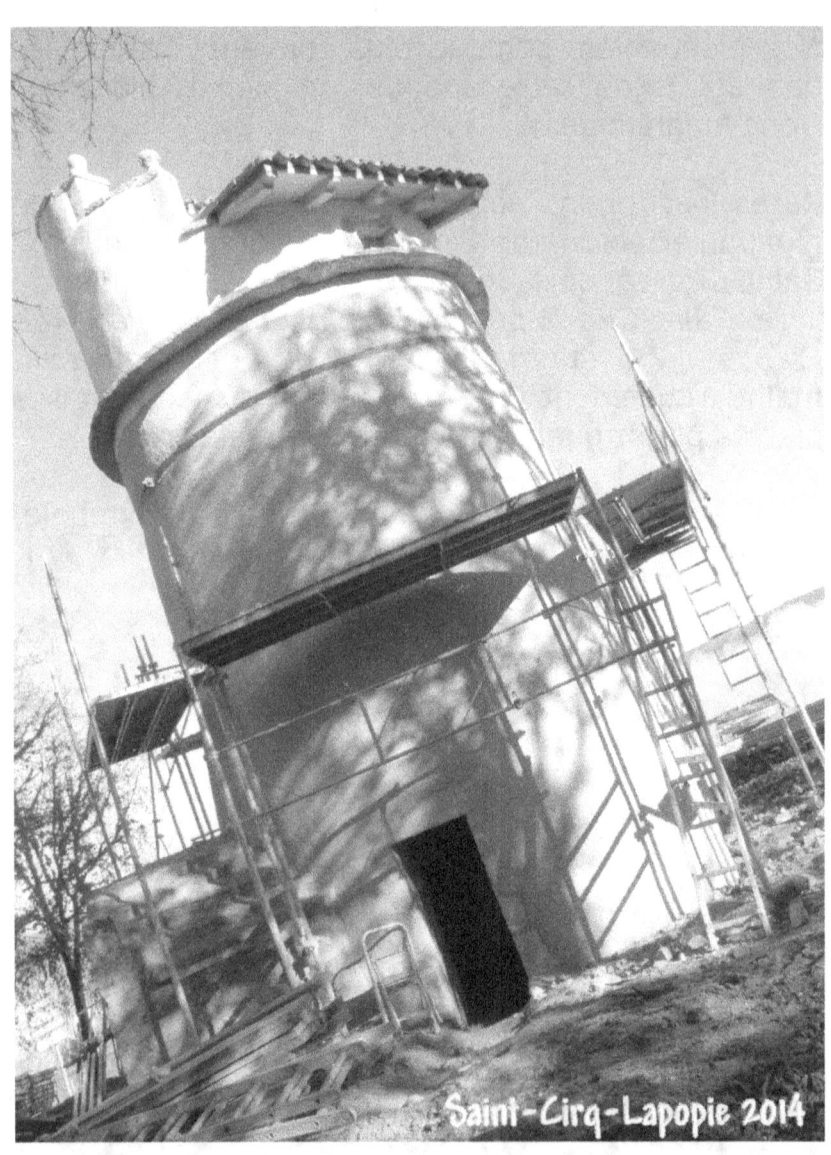

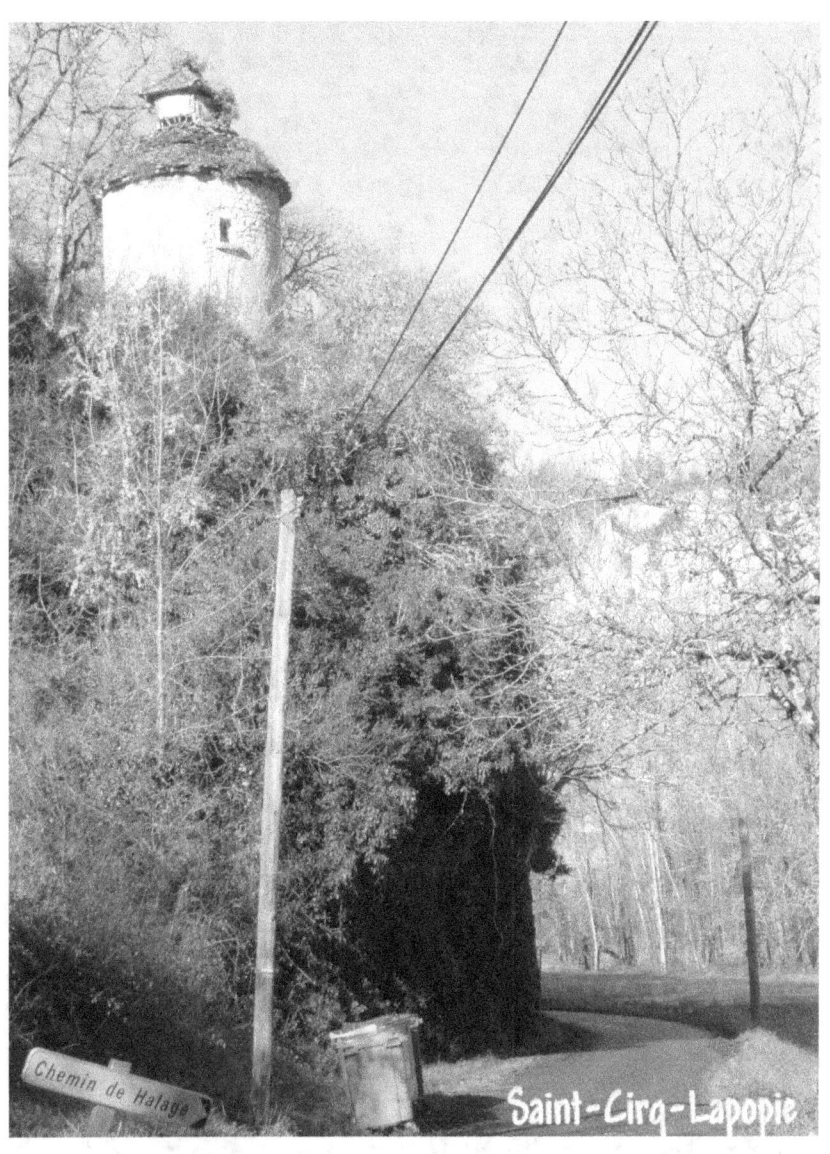

Il en reste un à admirer... sur un chemin moins touristique...

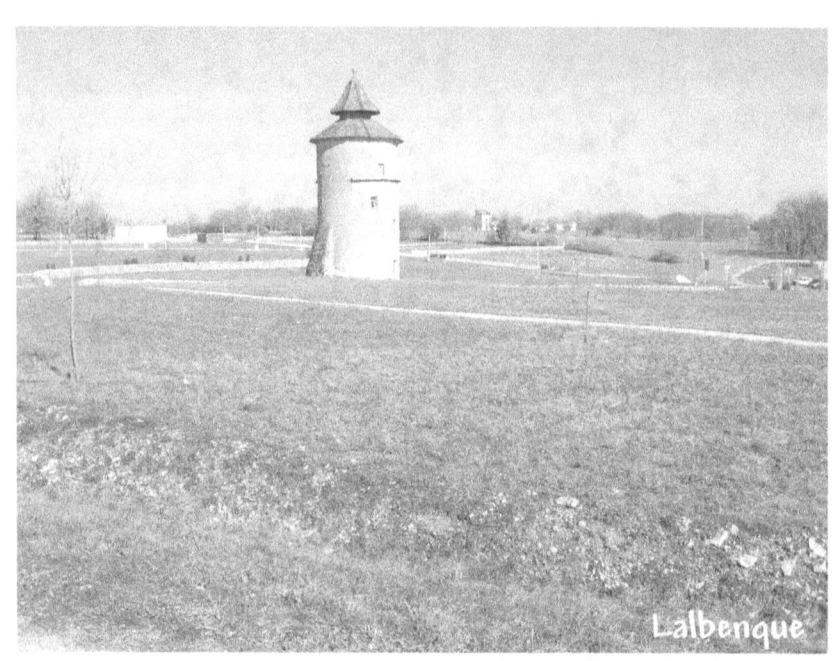
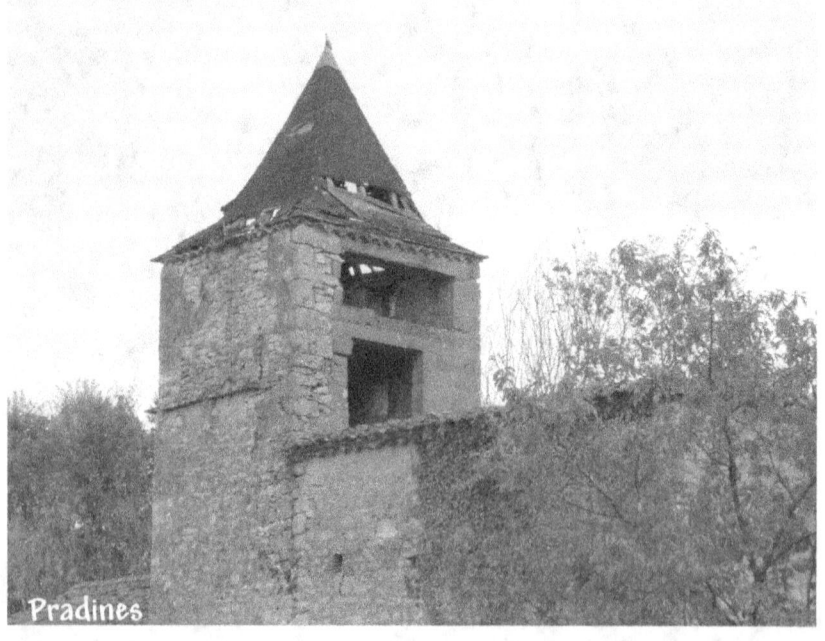

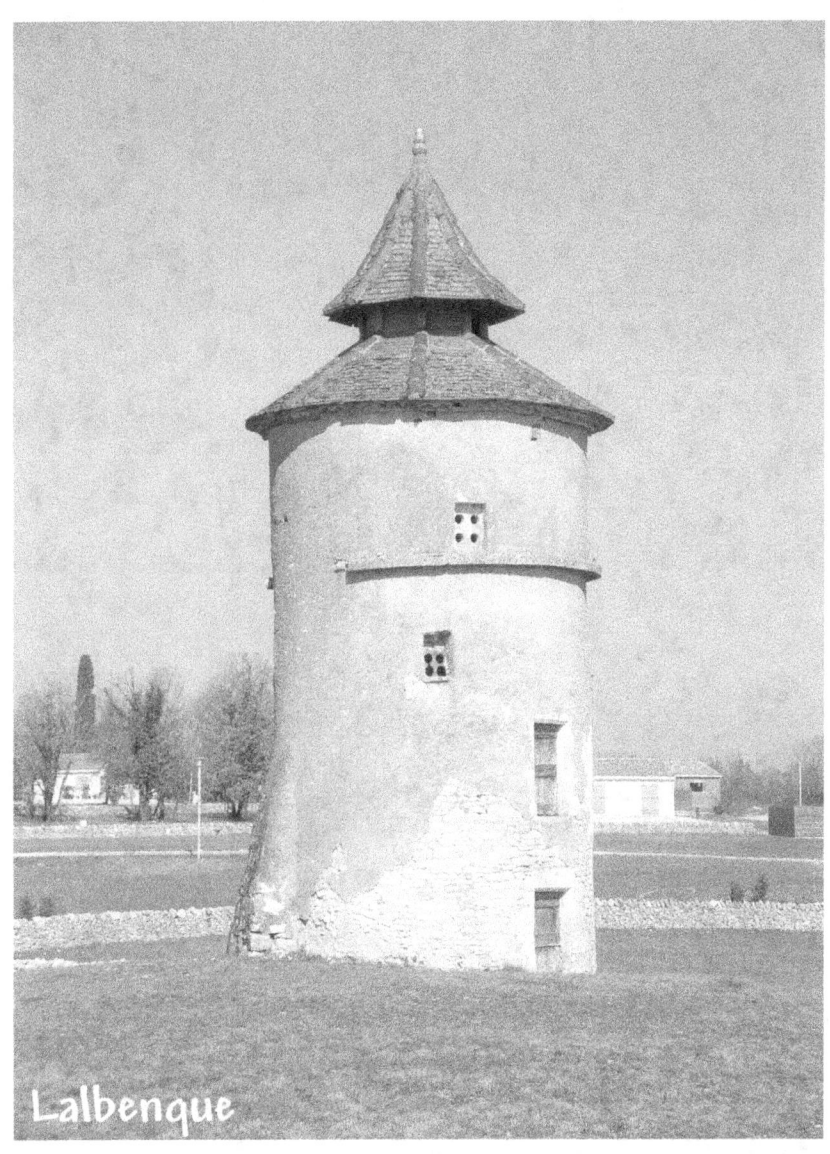

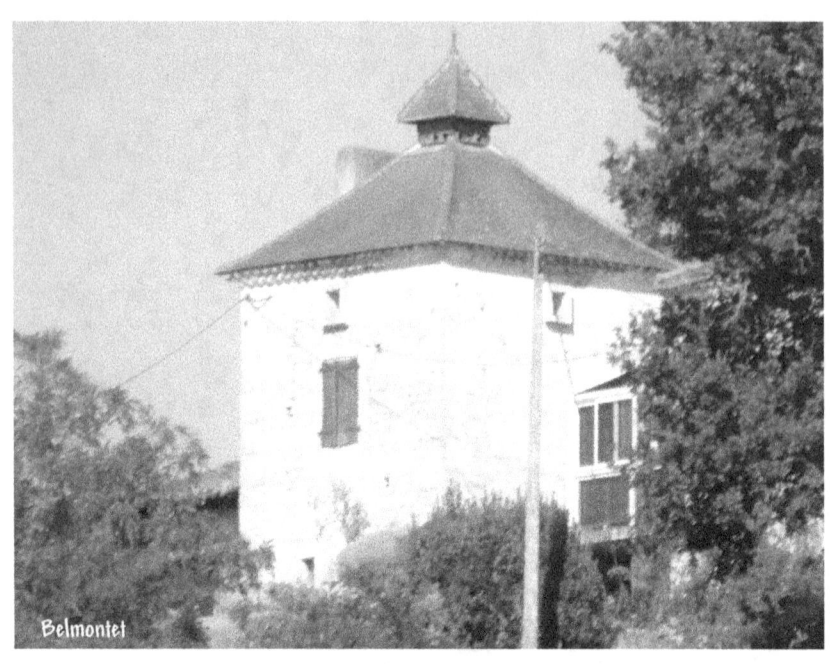
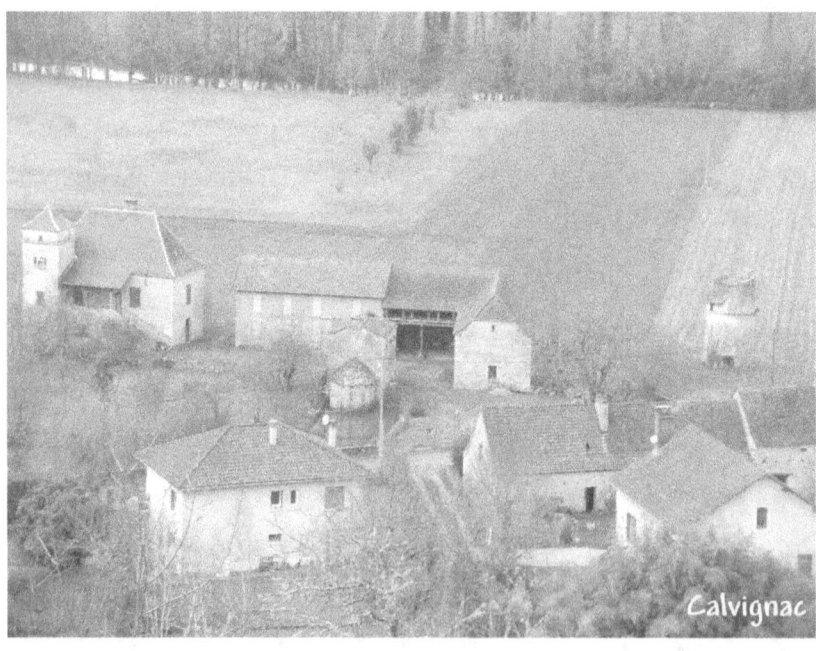

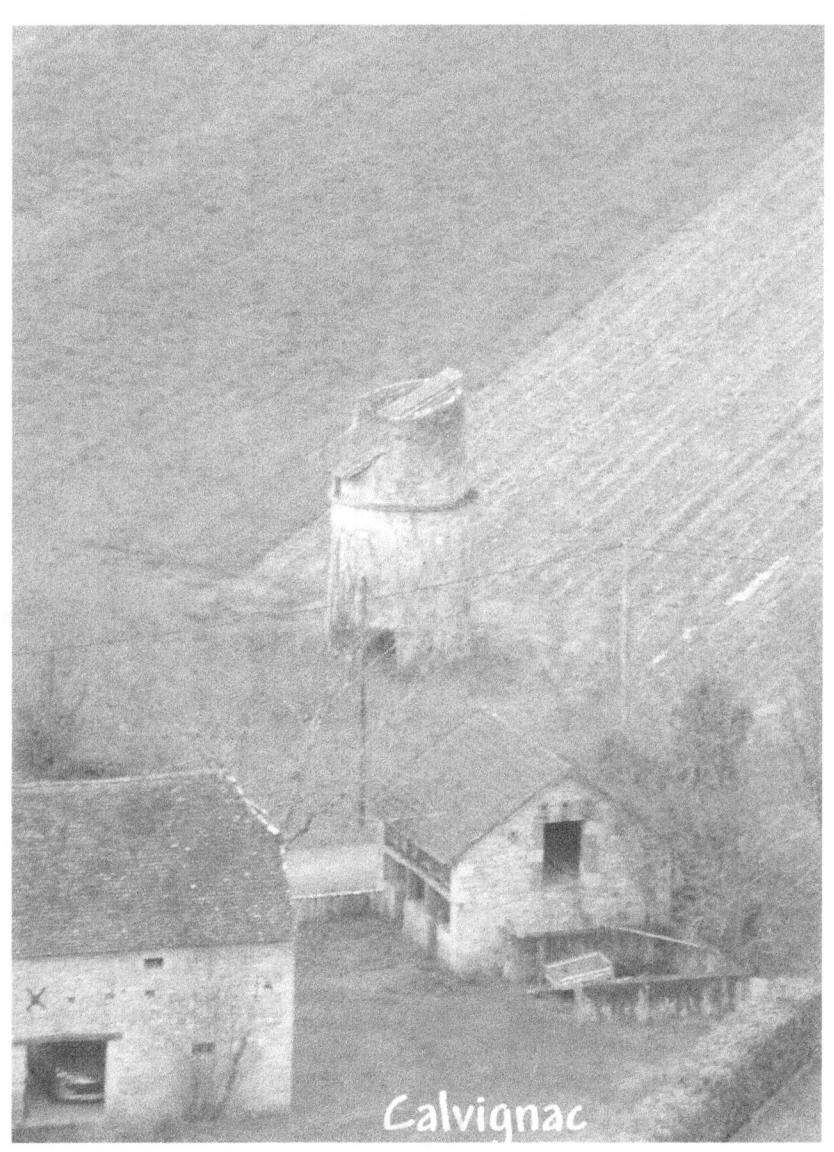

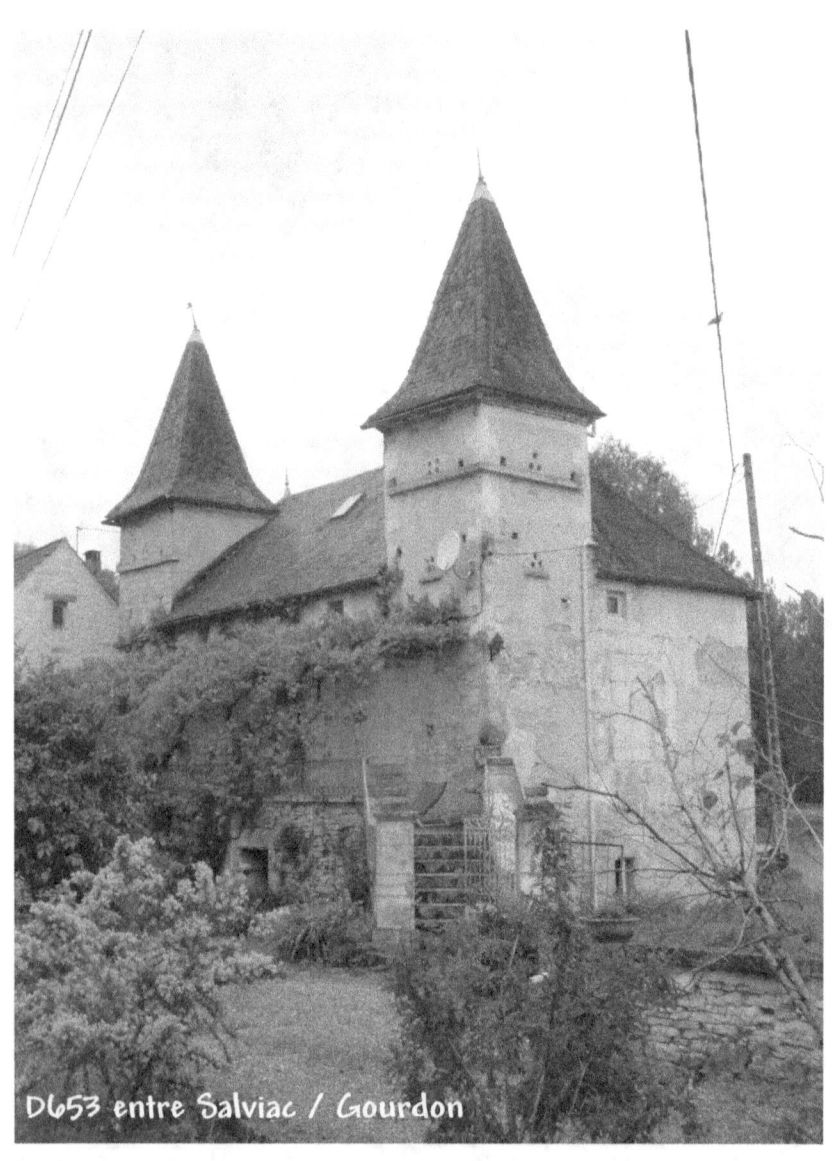
D653 entre Salviac / Gourdon

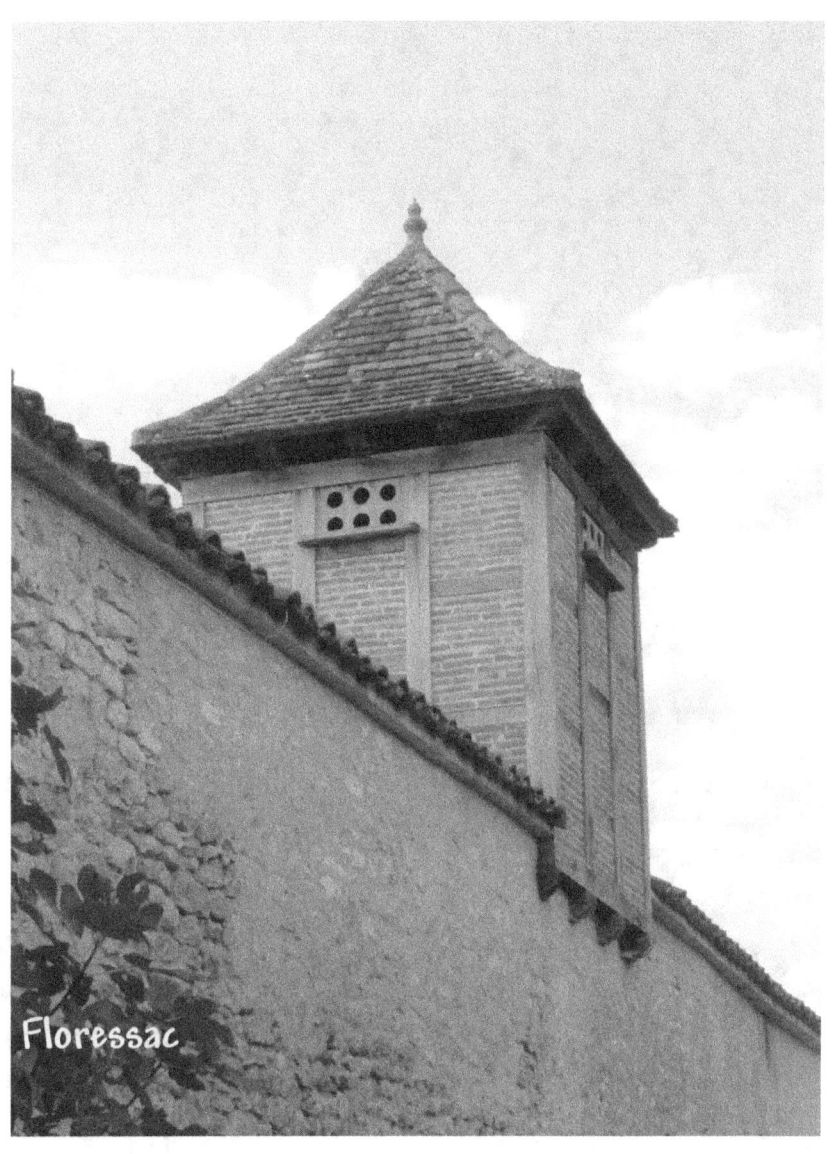

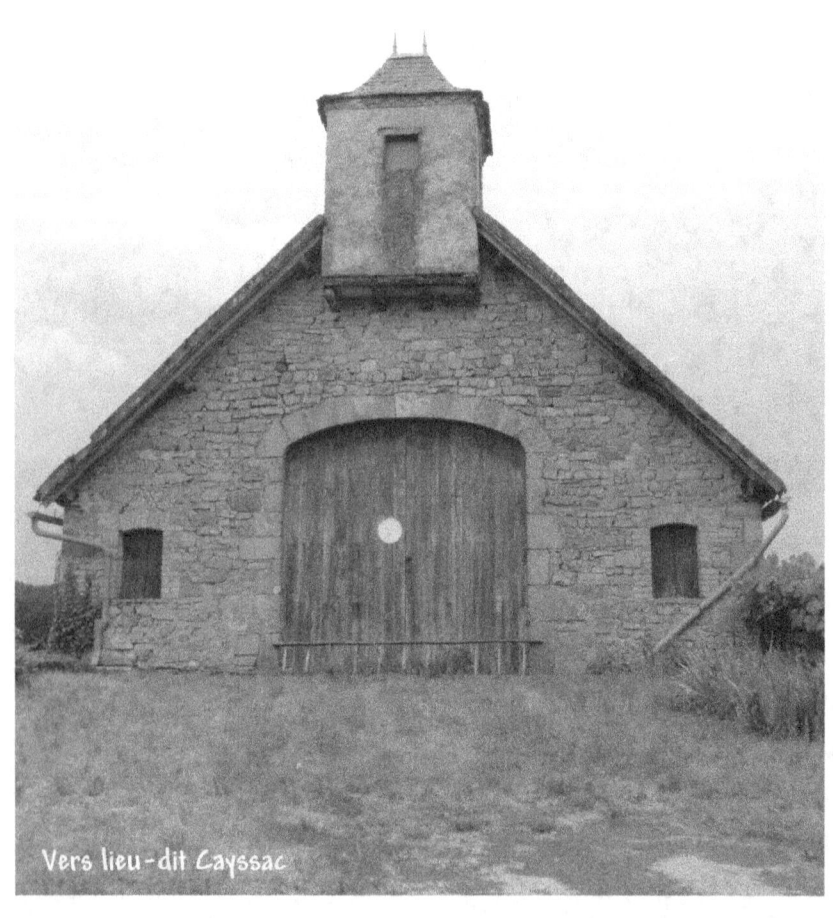
Vers lieu-dit Cayssac

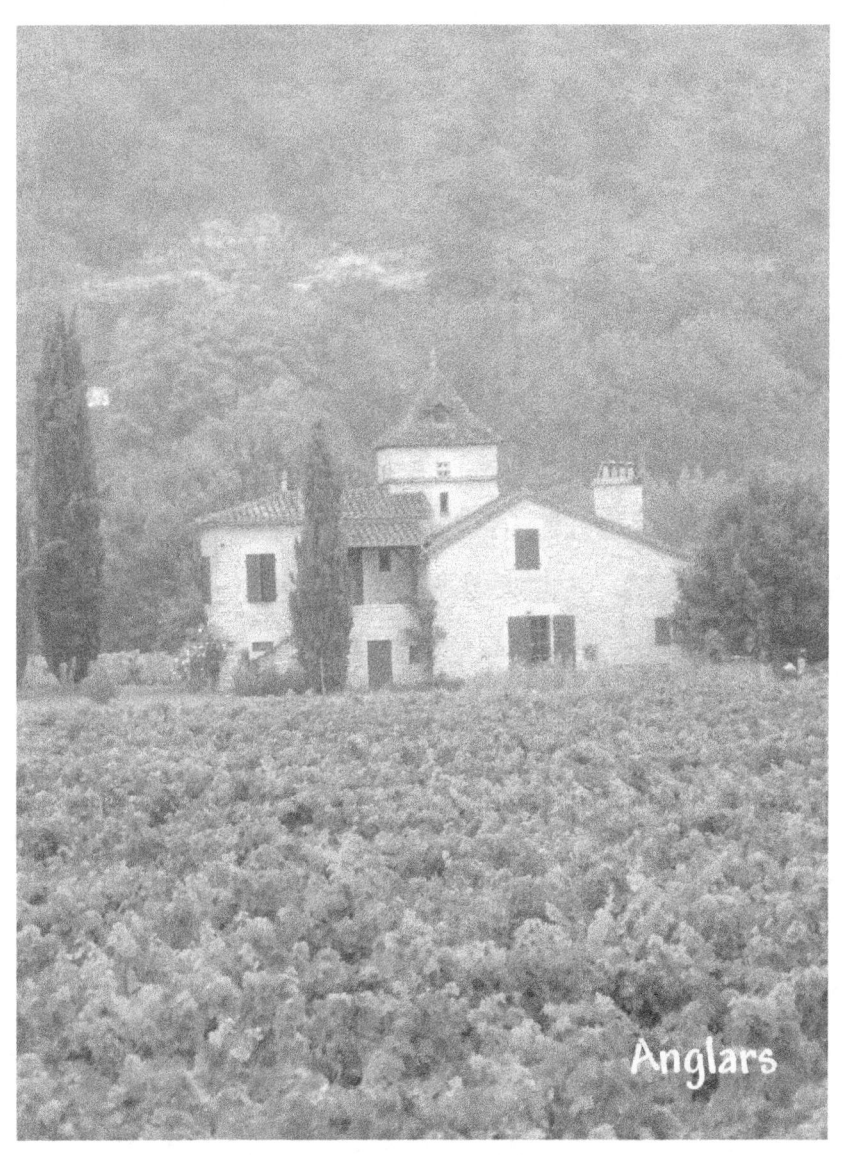

Des pigeonniers à touristes

Alors que les pigeonniers en activité sont rares, les plus rénovés servent à accueillir des touristes, une autre forme de pigeons...

Le tourisme n'est pas encore regardé comme une plaie pour nos régions, l'apport financier semblant primer sur les dégâts occasionnés par cette déferlante surtout estivale.

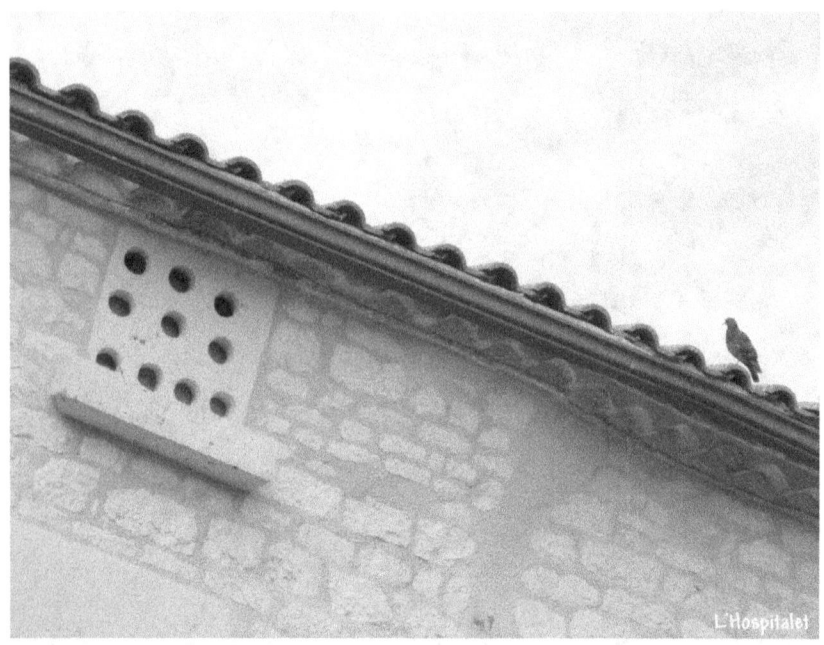

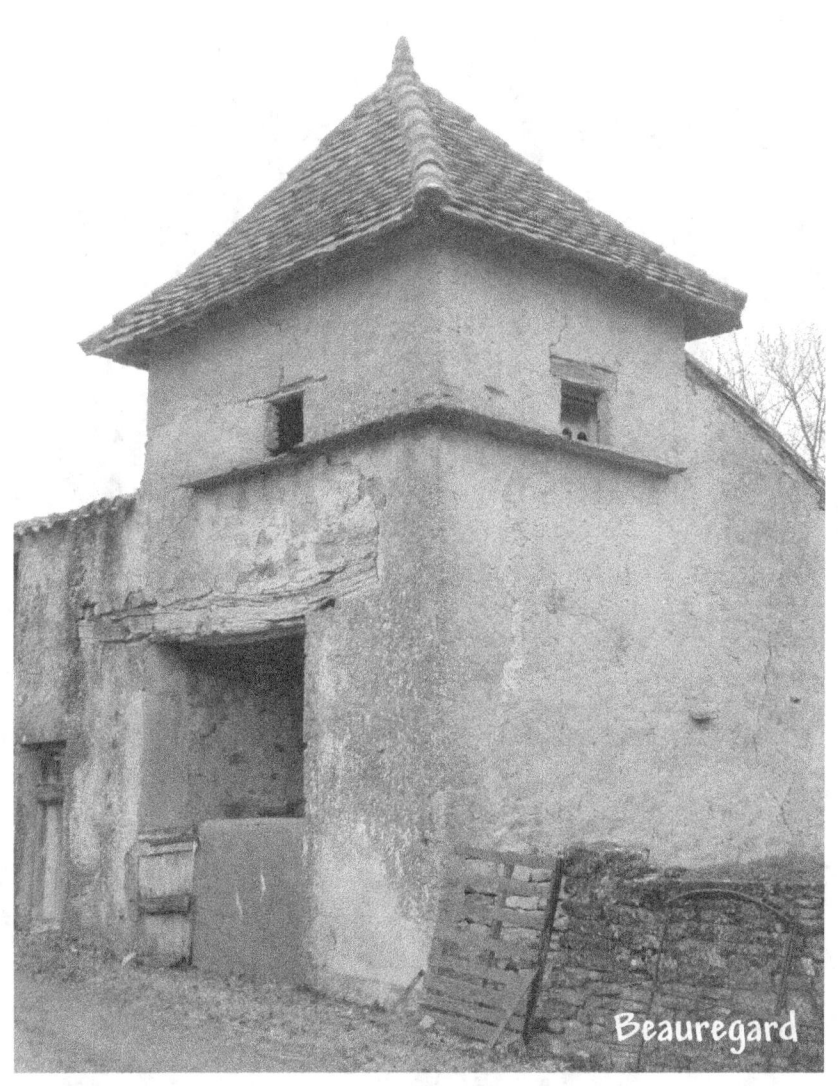

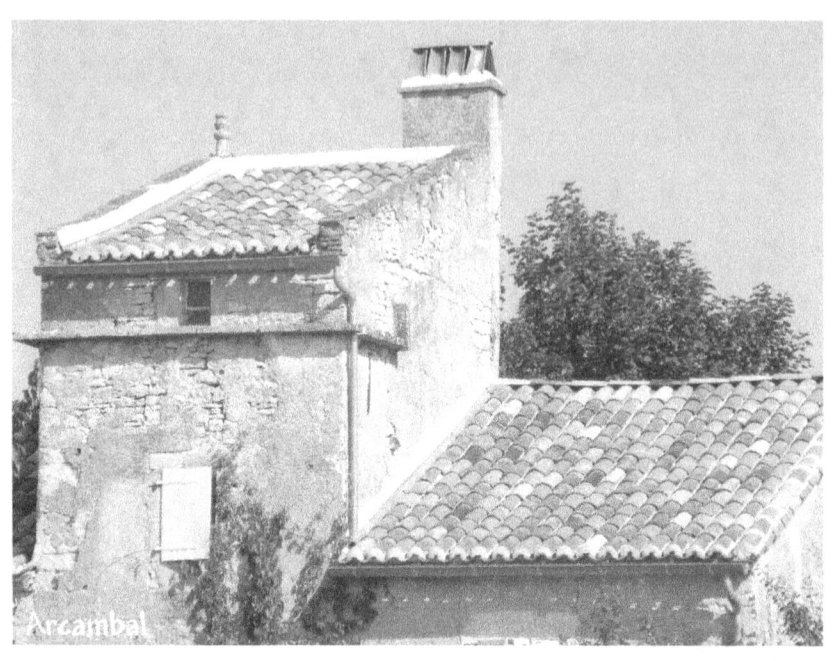

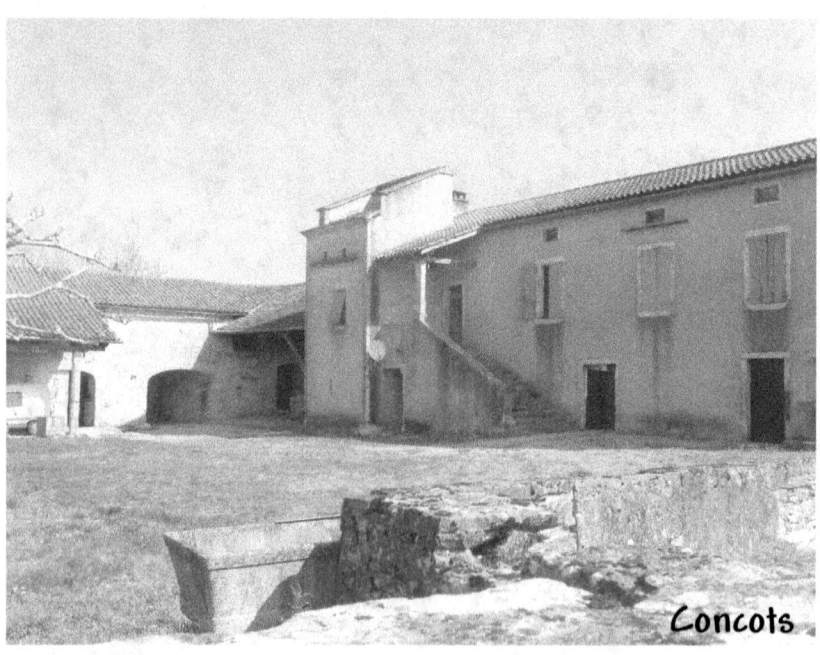

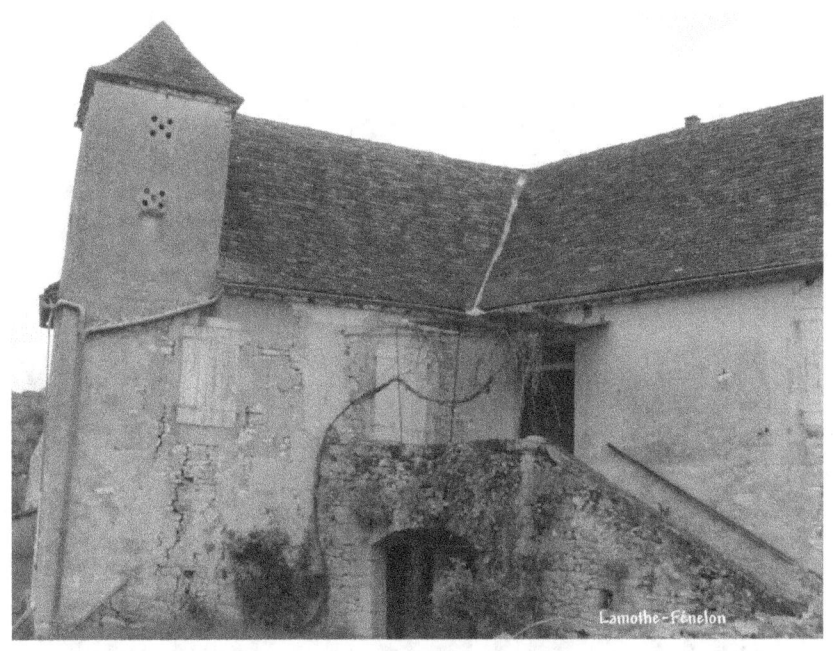

Lamothe-Fénelon

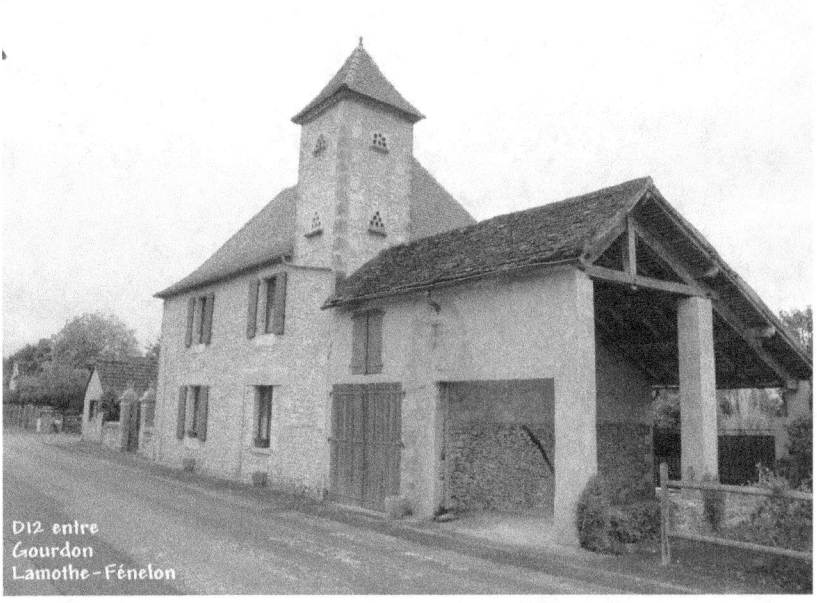

D12 entre Gourdon Lamothe-Fénelon

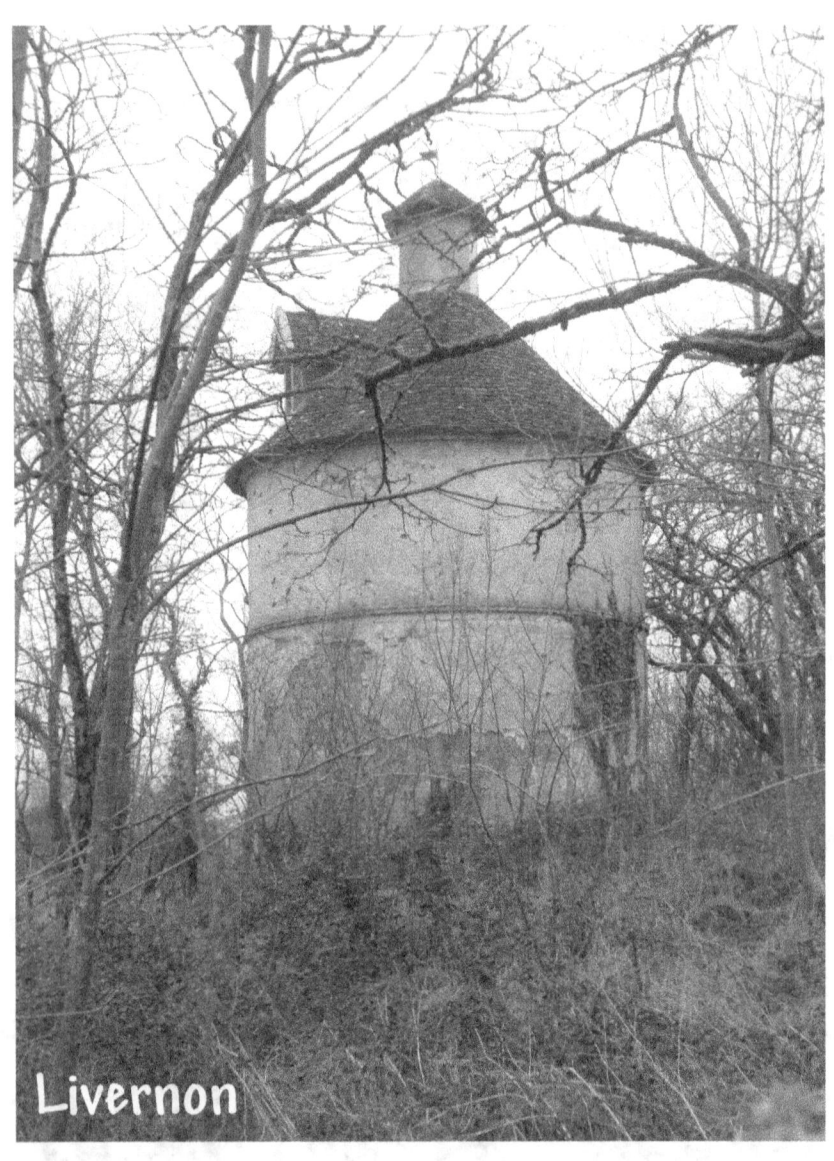

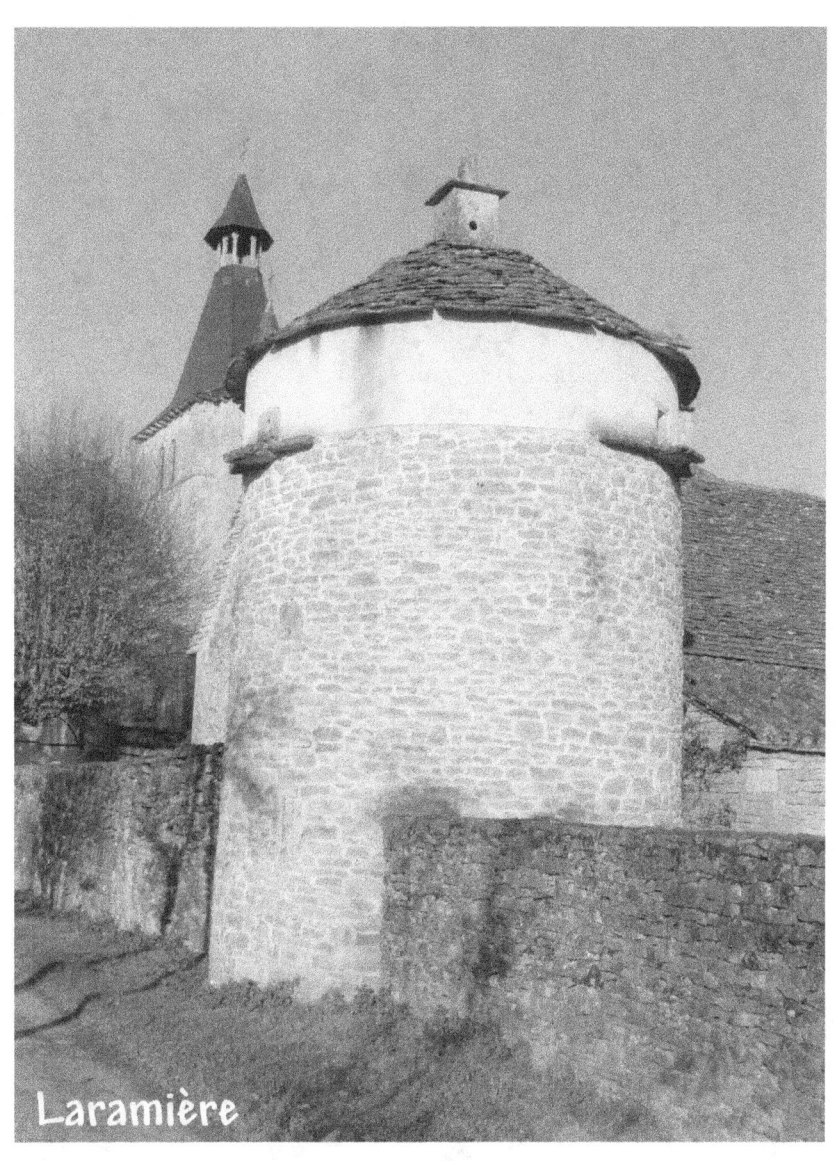

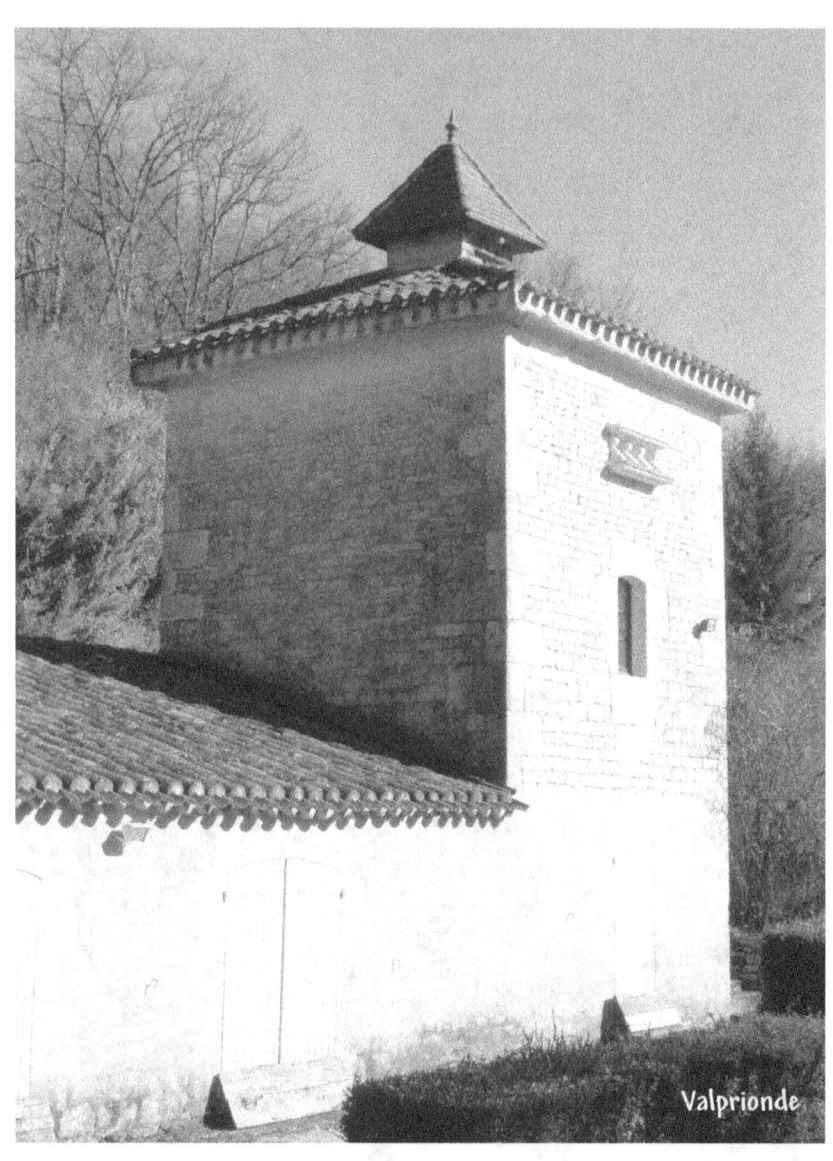

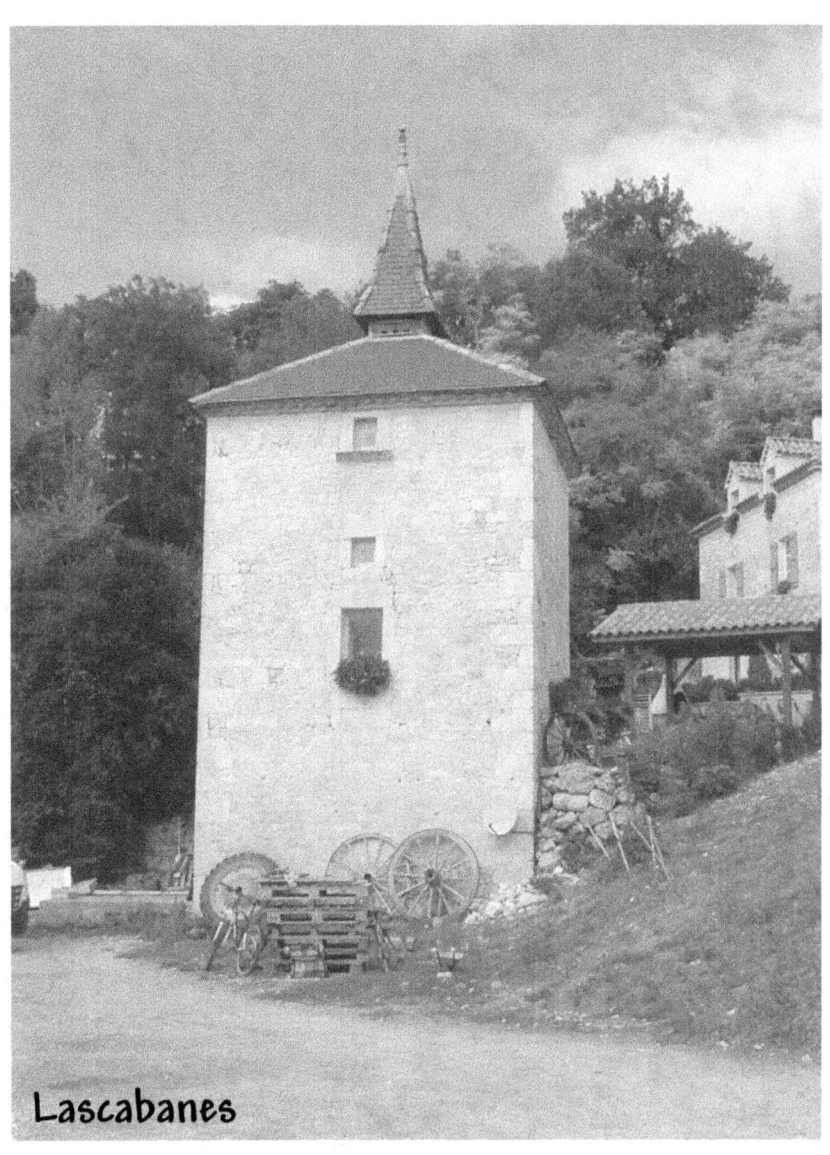

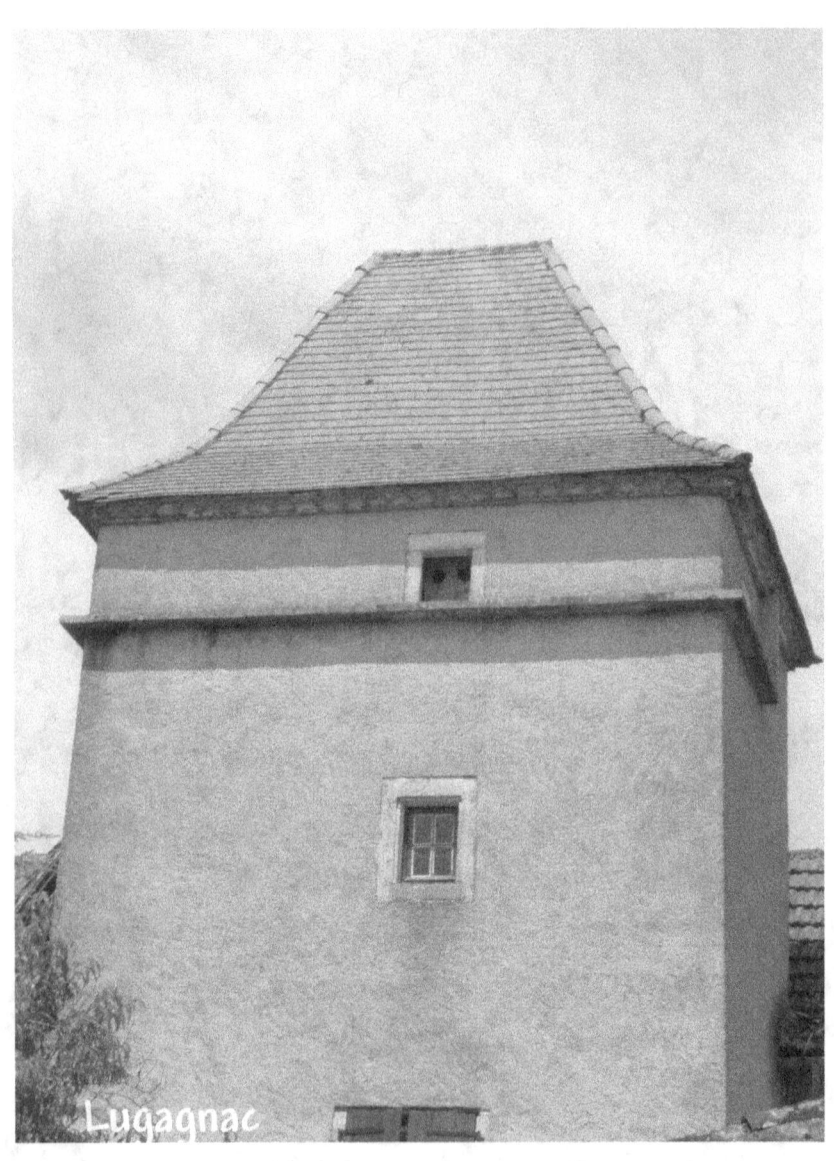

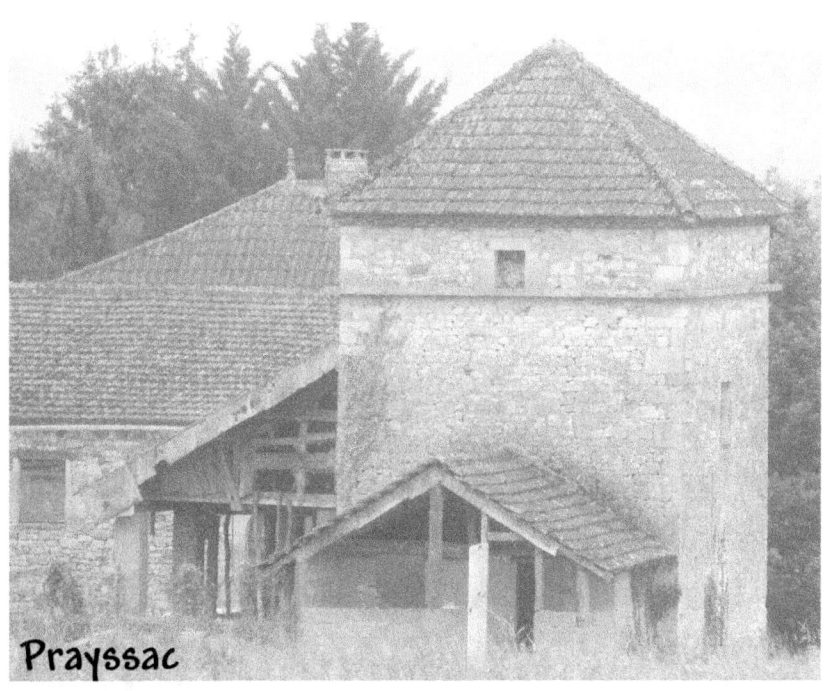

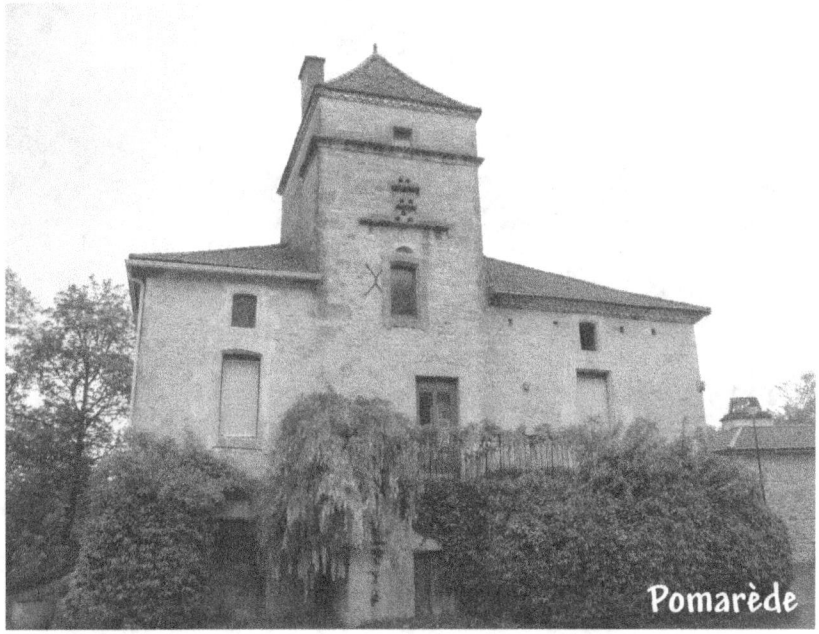

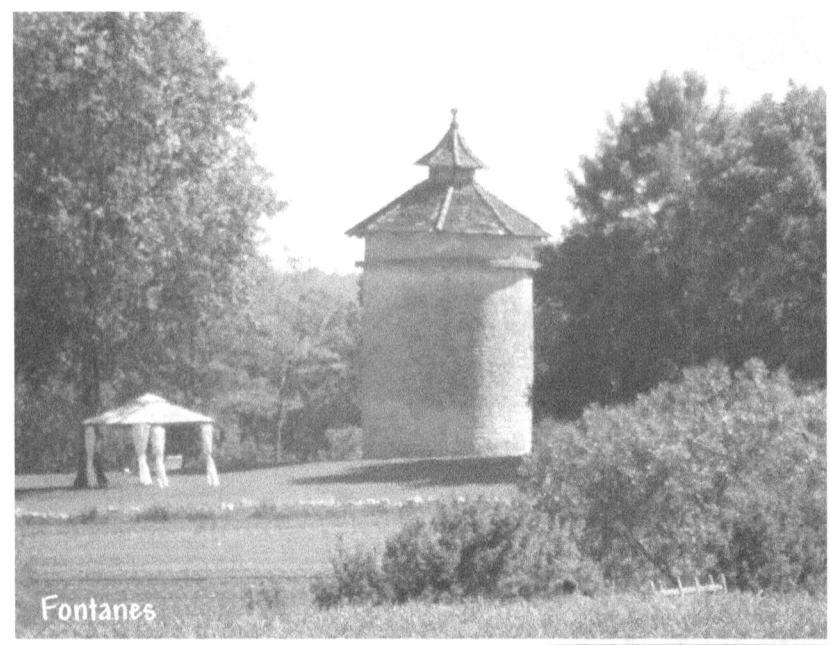
Fontanes

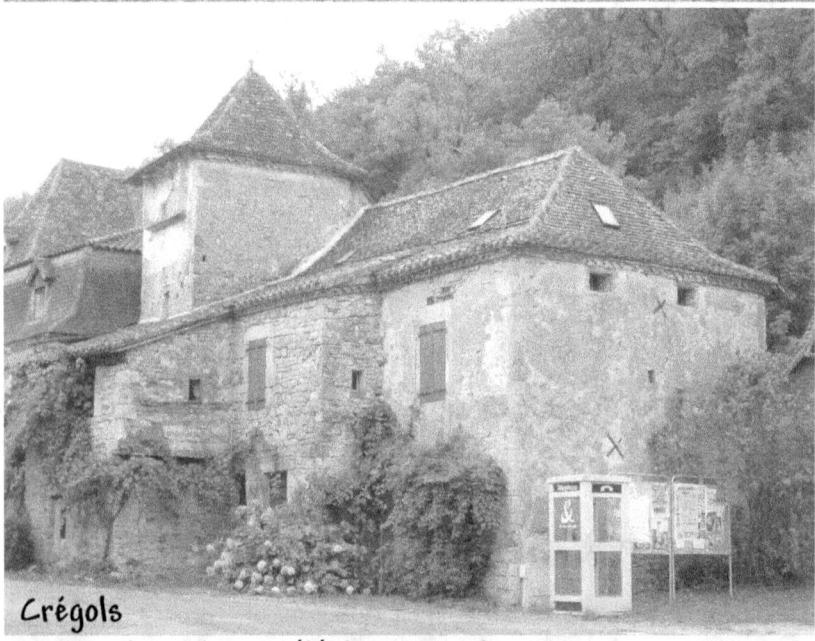
Crégols

Comme la cabine téléphonique, le pigeon a permis de communiquer discrètement. Désormais, nous pouvons, nous devons, être écouté et suivi partout...

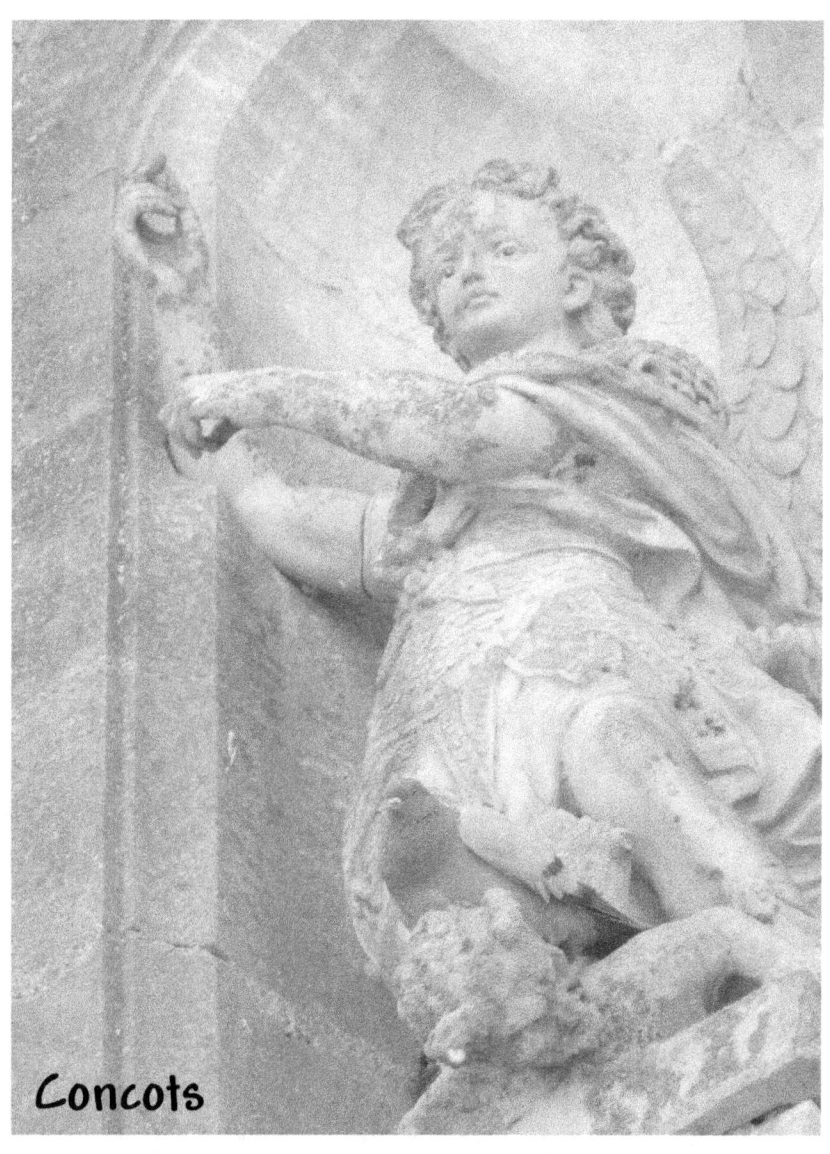

Concots

Quand les pigeonniers sont fermés, les pigeons cherchent des refuges...

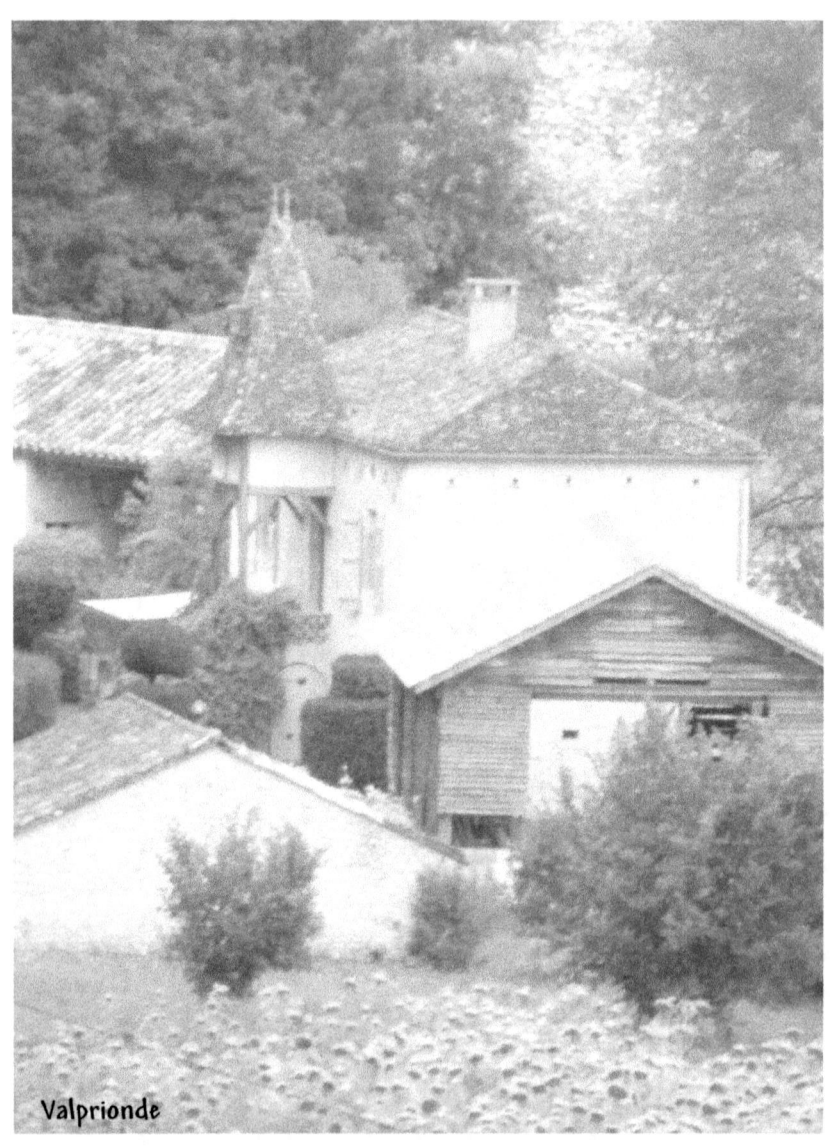

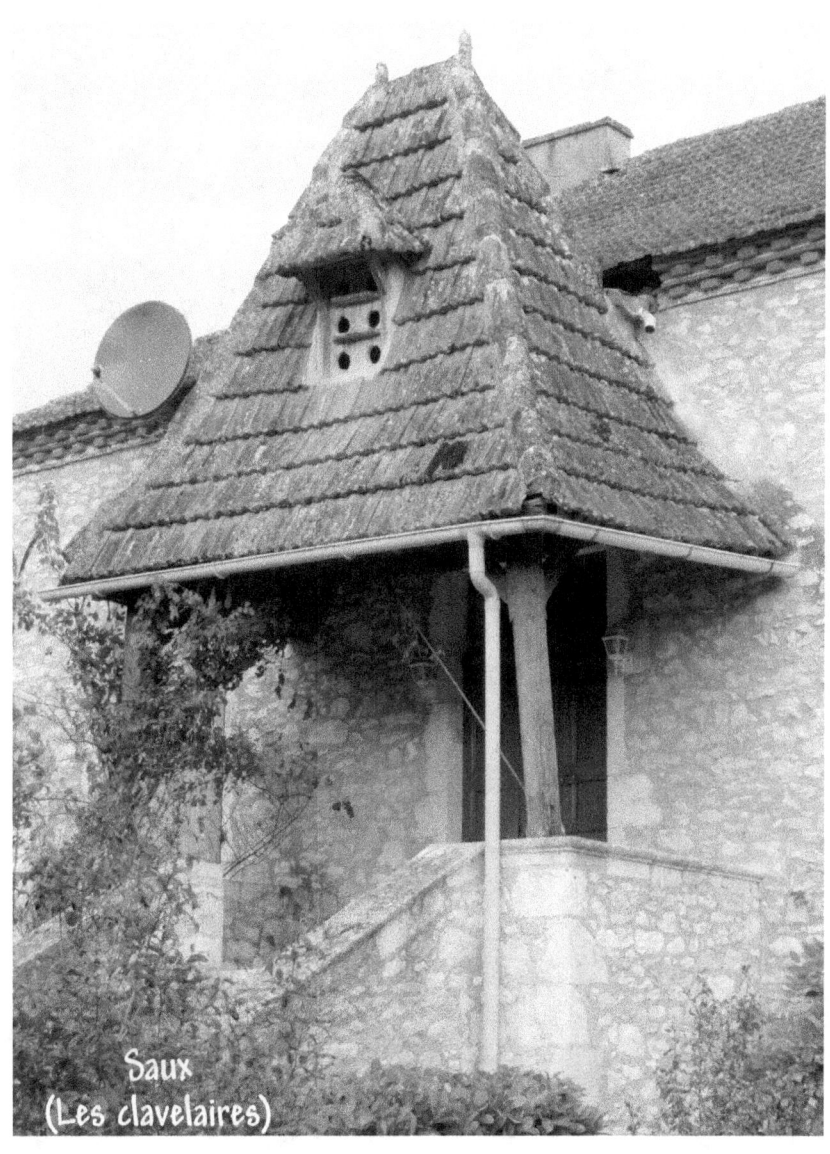
Saux
(Les clavelaires)

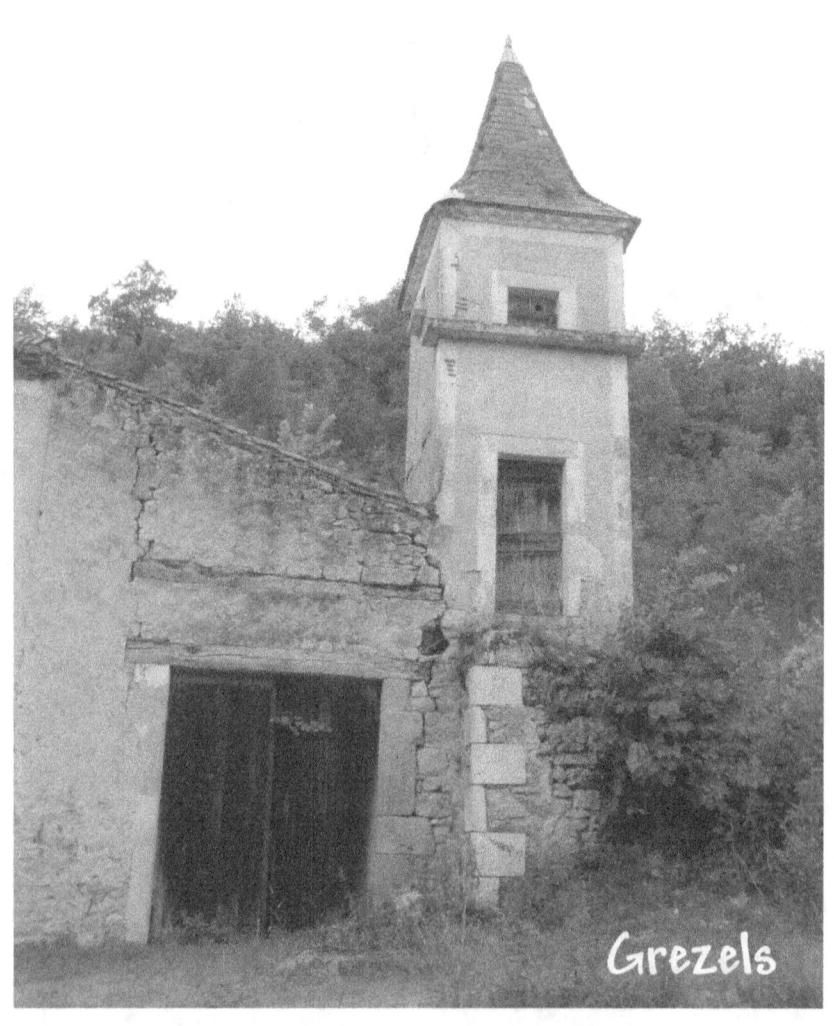

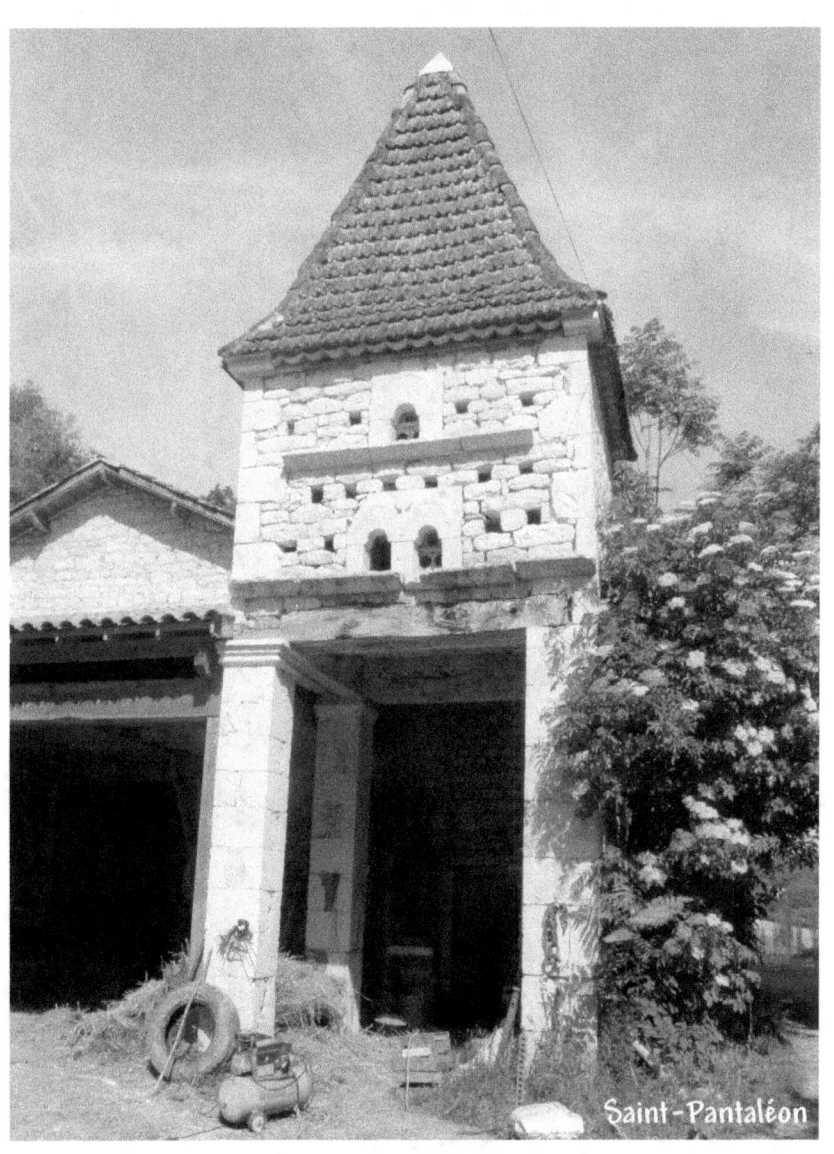

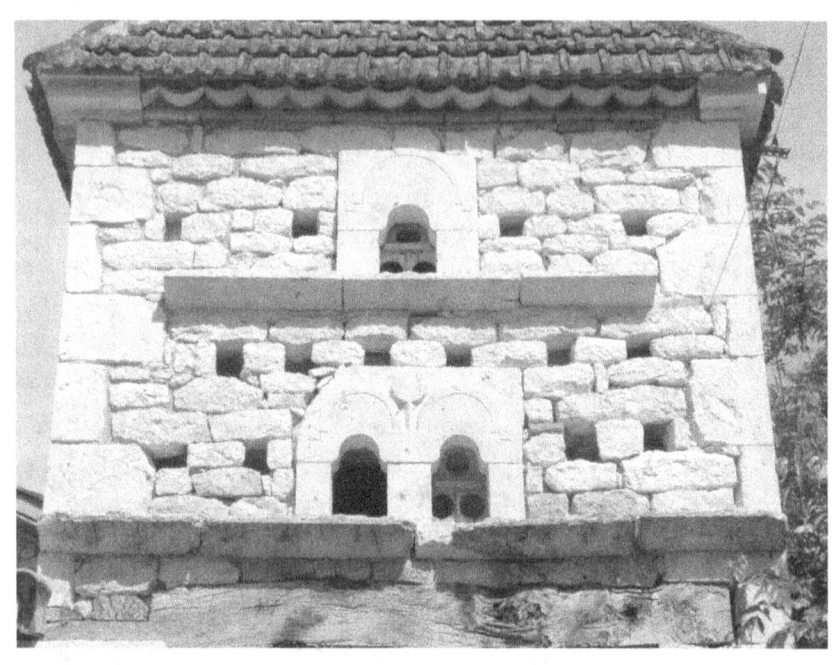

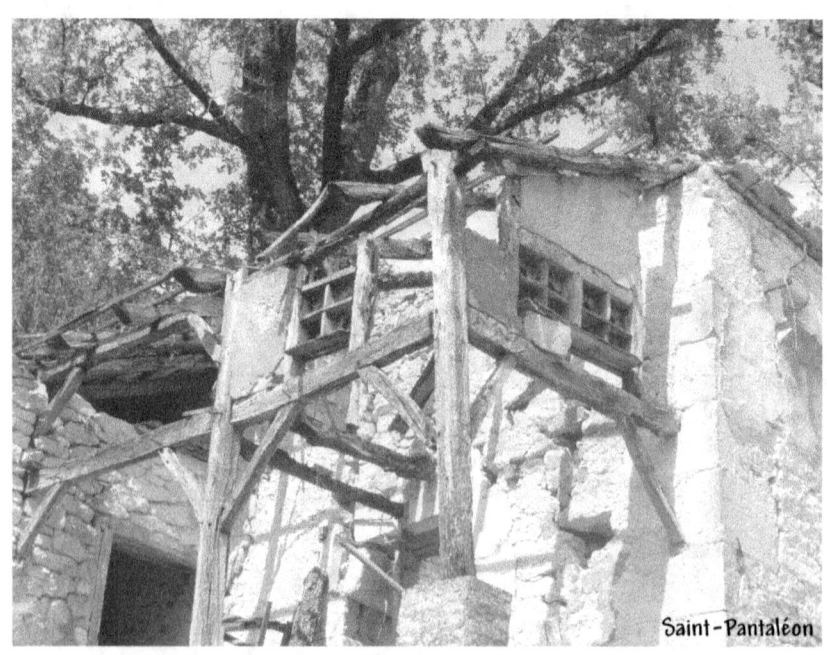

Saint-Pantaléon

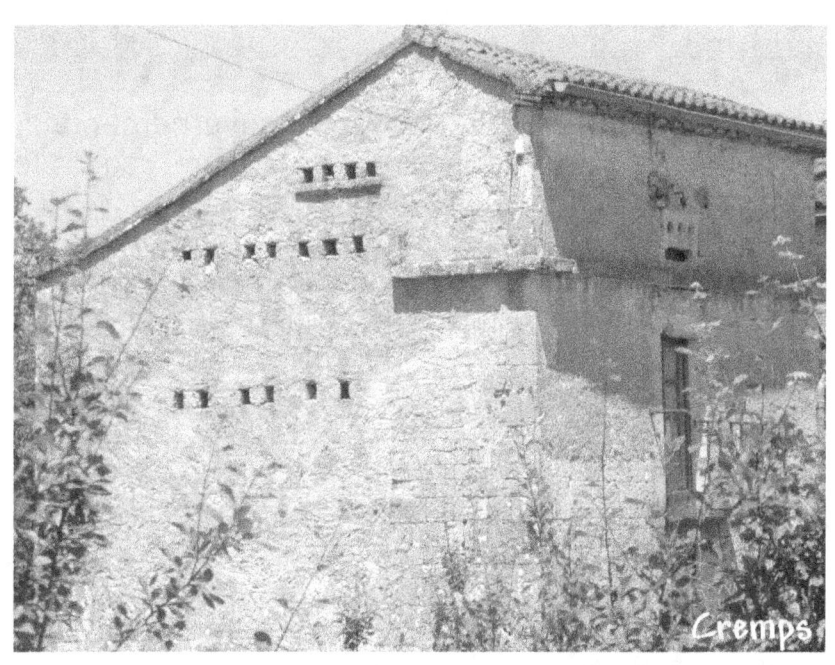

Cremps

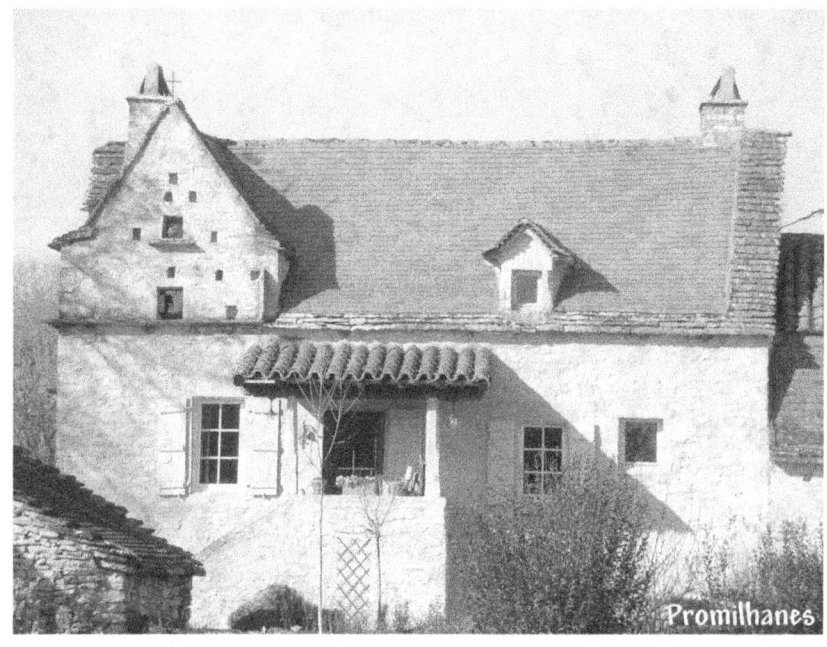

Promilhanes

Les pigeons de l'époque...

Pour les indignés de la politique gouvernementale, la métaphore ornithologique fonctionne sous le bonhomme déguisé en socialiste : les entrepreneurs en lutte contre la hausse de la fiscalité des entreprises se sont proclamés « pigeons », puis les autoentrepreneurs hostiles aux projets de Sylvia Pinel défilèrent en « poussins. » Ce qui pouvait dénoter un manque de références face à une jeune femme introduite dans les campagnes du sud-ouest par son mentor toujours connu sous le sobriquet de "veau sous la mère", mise en orbite par son quotidien.

C'est finalement drôle, cette utilisation par des riches entrepreneurs du qualificatif "pigeon"...

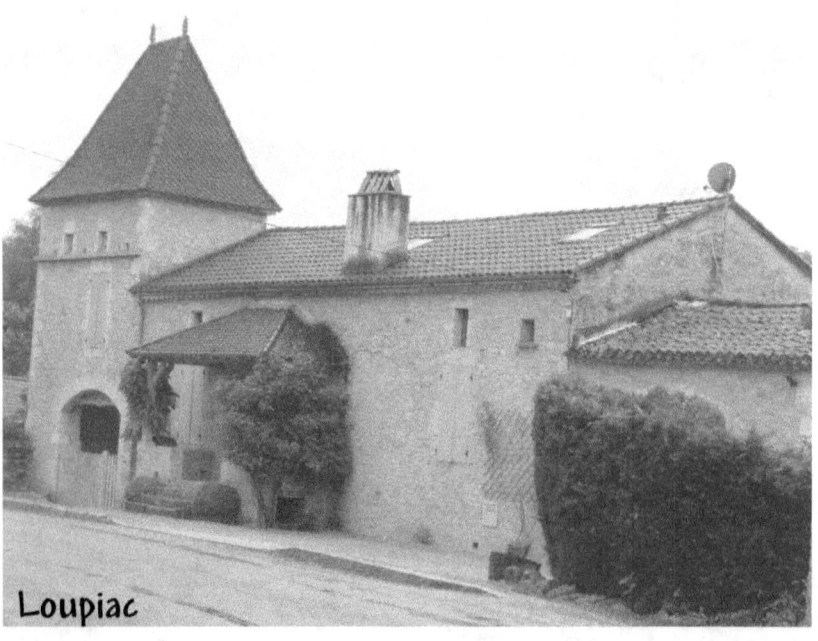

Loupiac

Le pigeon vu du siècle des lumières

Georges-Louis Leclerc, le comte de Buffon, naturaliste "à l'esprit des Lumières", dans son "*Histoire naturelle, générale et particulière, avec la description du Cabinet du Roy*", 36 volumes parus de 1749 à 1789... s'intéresse aux pigeons "Histoire naturelle des oiseaux" (1770-1783) :

« Les pigeons ne sont réellement ni domestiques comme les chiens et les chevaux, ni prisonniers comme les poules. Ce sont plutôt des captifs volontaires, des hôtes fugitifs qui ne se tiennent dans le logement qu'on leur offre qu'autant qu'ils s'y plaisent... Tous les pigeons ont de certaines qualités qui leur sont communes : l'amour de la société, l'attachement à leurs semblables, la douceur de leurs mœurs, la fidélité réciproque, la propreté, le soin de soi même qui suppose l'envie de plaire, l'art de se donner des grâces, les caresses tendres, les mouvements doux. Nulle humeur, nul dégoût, nulle querelle, tout le temps de la vie employé au soin de ses petits, toutes les fonctions pénibles également réparties. Le mâle, aimant assez pour les partager et même se charger des soins maternels, couve régulièrement à son tour et les œufs et les petits, pour en épargner la peine à sa compagne, pour mettre entre elle et lui cette égalité dont dépend le bonheur de toute union durable : Quel modèle pour l'homme s'il savait les imiter ! »

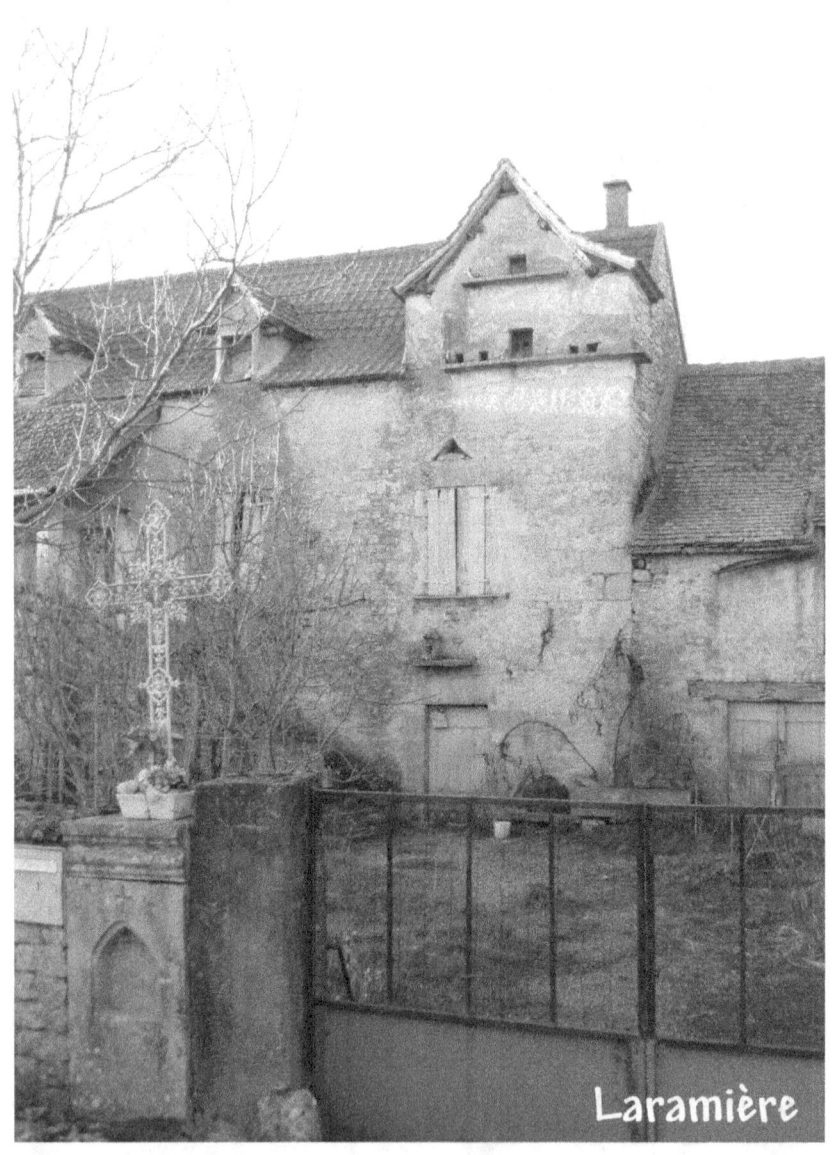

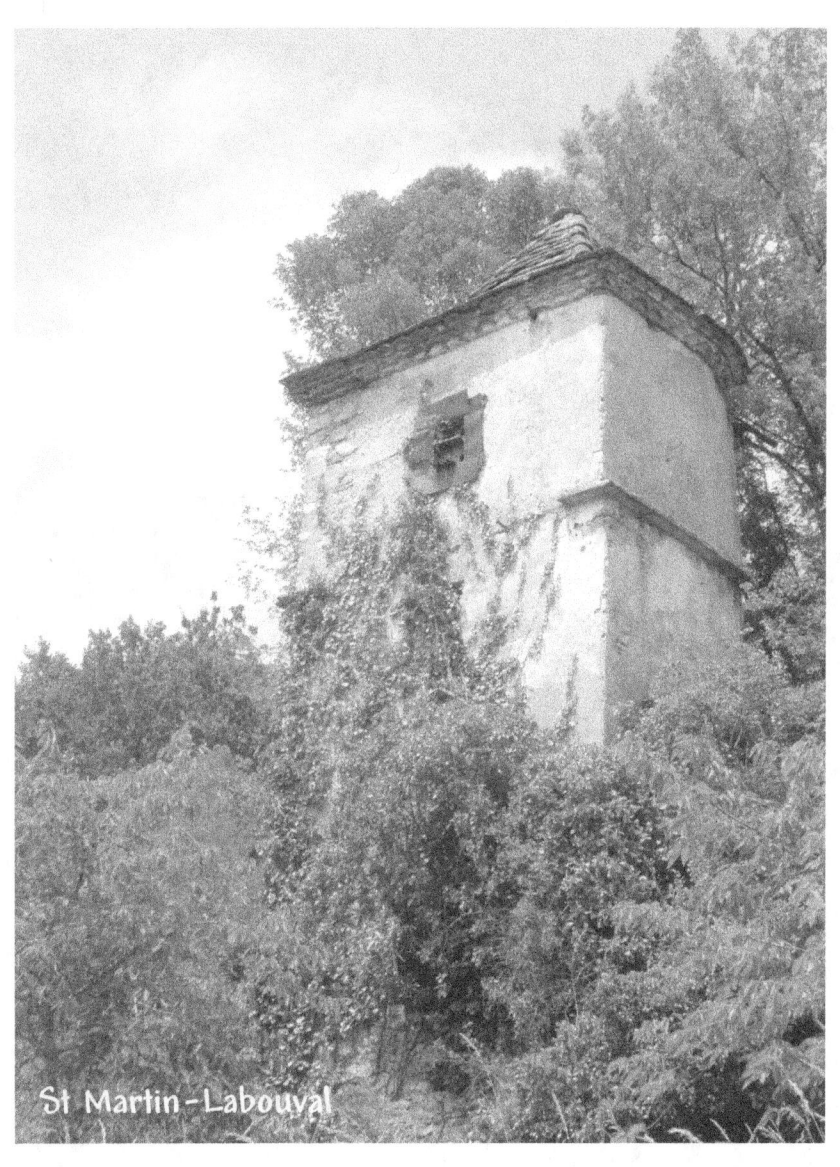

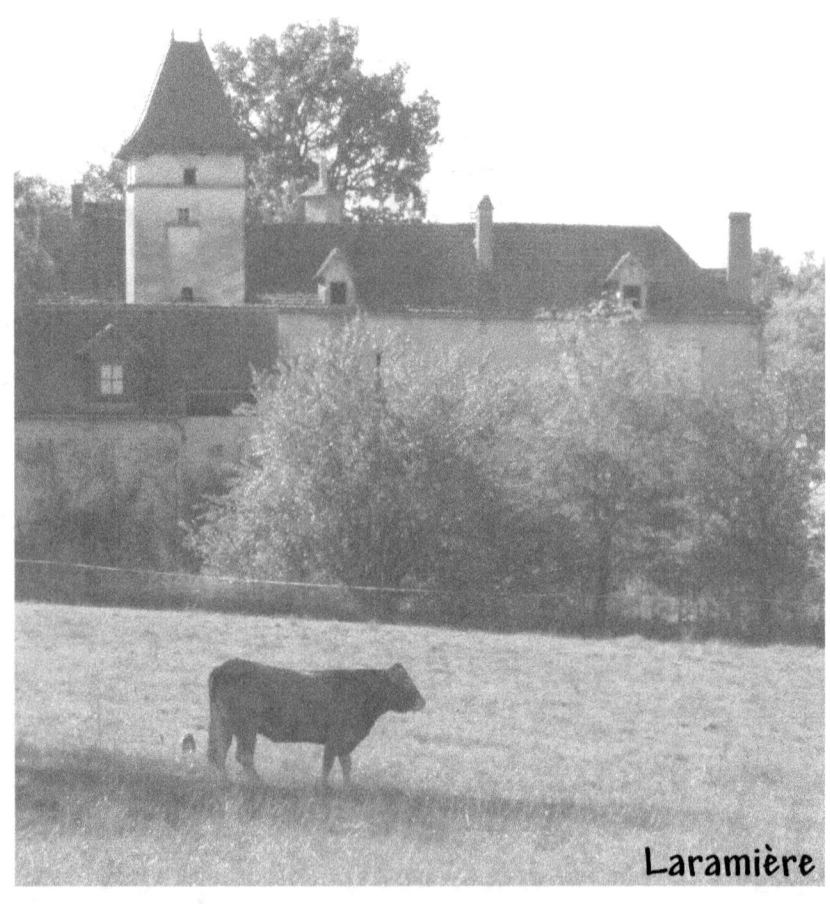

La possible disparition des pigeons ?...

Certes, comme toutes les espèces, dont l'humaine, le pigeon peut disparaître à cause d'une épidémie ou autre catastrophe...

Mais le pigeon peut-il disparaître de la volonté humaine ?

Disparaître des villes, des villages, uniquement demeurer dans des élevages où il s'adapte correctement ?

L'histoire de la disparation de la "tourte voyageuse", aussi connue sous les noms de "Pigeon migrateur", "Colombe voyageuse", "ectopiste voyageur" ou "pigeon migrateur américain", mérite notre attention. Un pigeon du continent nord-américain...

Le dix-neuvième siècle lui fut fatal, bien qu'il compta jusqu'à trois (ou cinq) milliards d'individus... L'Insee n'avait pas encore déployé ses armées pour certifier le nombre...
Et l'histoire retient qu'une femelle, baptisée Martha, est morte dans sa cage, au zoo de Cincinnati dans l'Ohio le 1er septembre 1914. La tentative de domestication des survivants avait échoué...

« Légèrement plus petit que le pigeon migrateur européen, l'ectopiste voyageur était aussi plus coloré. Son corps, aérodynamiquement parfait, arborait un plumage remarquable et irisé fait d'azur, d'or, de pourpre et de vert. Le mâle avait la tête d'un beau bleu cendré, la poitrine noisette teintée de rouge, le cou diapré de vert, d'or et d'écarlate, les ailes bleues parsemées de taches noires et de bistre, le ventre d'un blanc immaculé. Une queue très longue et cunéiforme, traversée d'une bande d'un noir brillant, accentuait encore l'élégance de l'oiseau. » Selon Jean Etienne.

Leur mode de vie leur fut fatal : ils vivaient en bande. Leurs migrations n'étaient pas guidées par les saisons mais par leur "colossale" besoin de nourriture...

Durant des milliers d'années, les "amérindiens" ont chassé ces oiseaux sans mettre l'espèce en péril.
Durant des milliers d'années, ces voraces ne furent pas des ennemis nationaux : ils se nourrissaient principalement de glands, de faînes, de graines de houx et de genévrier, d'insectes et petits invertébrés.

Avec l'arrivée des Européens sur le territoire, ce fut un "nouveau Monde" pour ces pigeons également.

Au dix-neuvième siècle la guerre fut déclarée... légitimée par "le bon sens".

Alexander Wilson, ornithologue d'origine écossaise, est resté dans l'histoire pour avoir décrit, suite à son voyage de 1810 dans le sud des Etats-Unis, le passage d'une migration de ces magnifiques oiseaux : une horde d'environ deux kilomètres de large passa au-dessus de lui, le soleil en fut masqué, le ciel s'obscurcit. L'expédition dut s'abriter... bombardée... de fientes qui tombaient sans discontinuer. Le déluge aurait duré plus de quatre heures...
Selon ses calculs (prétendus basés sur la vitesse des pigeons, la largeur de la formation et la durée),

Wilson a immortalisé un nuage mesurant presque 400 kilomètres de long... et comportant deux milliards de bestioles.

Avant lui, en 1759, le naturaliste Pehr Kalm avait déjà écrit : « Sur une distance pouvant aller jusqu'à 7 miles, les grands arbres aussi bien que les petits en étaient tellement envahis qu'il était difficile de trouver une branche qui n'en était pas couverte. Quand ils s'abattaient sur les arbres, leur poids était si élevé que non seulement des grosses branches étaient brisées net, mais que les arbres les moins solidement enracinés basculaient sous la charge. Le sol sous les arbres où ils avaient passé la nuit était totalement couvert de leurs fientes, amassées en gros tas ».

Fallait que ça cesse ! Avec leur puissance de feu, les colonisateurs possédaient l'arme idéale : un seul coup de fusil, dans le tas, descendaient des dizaines de volatiles...

Durant les années 1870, les colonies volèrent en rang séparés, laissaient passer la lumière du soleil... Mais ce ne fut pas l'armistice... l'homme fort allait démontrer ses capacités...
À la fin du siècle, l'espèce n'existait plus à l'état sauvage...
Mais ces hommes étaient déjà de bons écologistes : quelques exemplaires furent conservés dans les zoos.

Mais ils n'aimaient pas la captivité, s'y reproduisaient difficilement (cette espèce ne couvait qu'un seul œuf... contre deux chez la plupart). C'était fini.

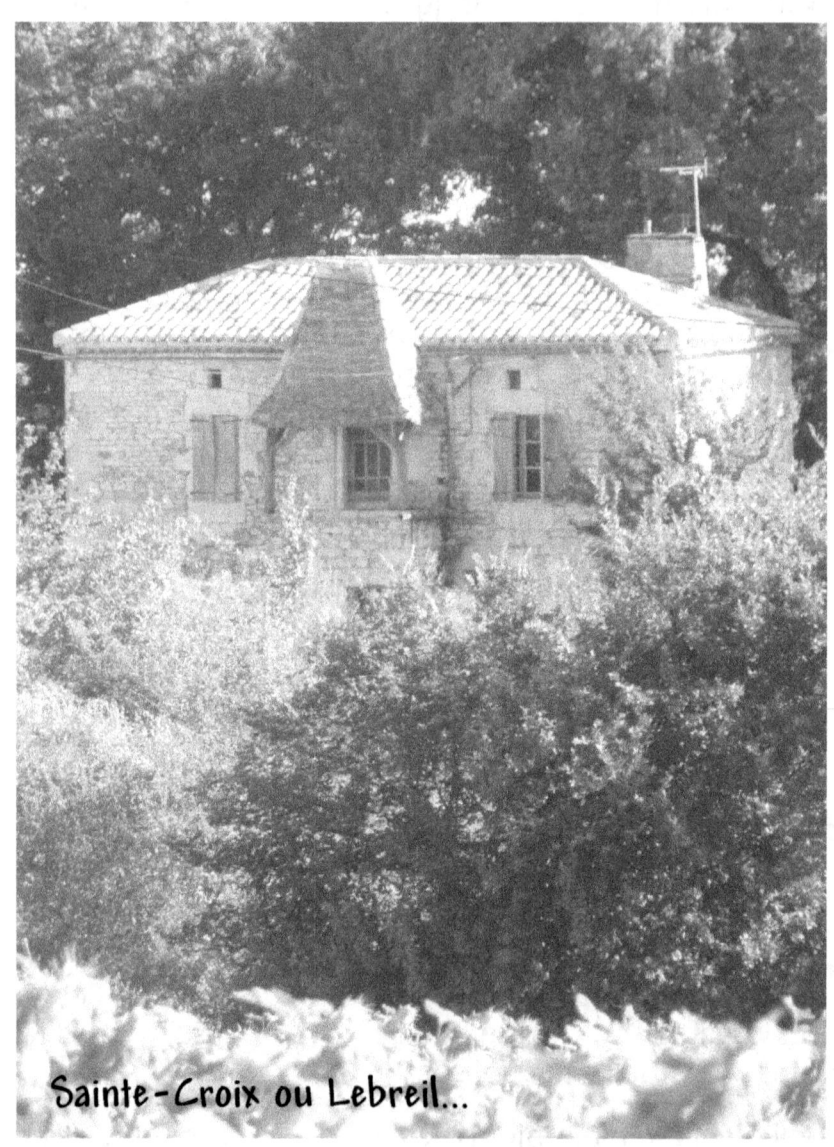

Sainte-Croix ou Lebreil...

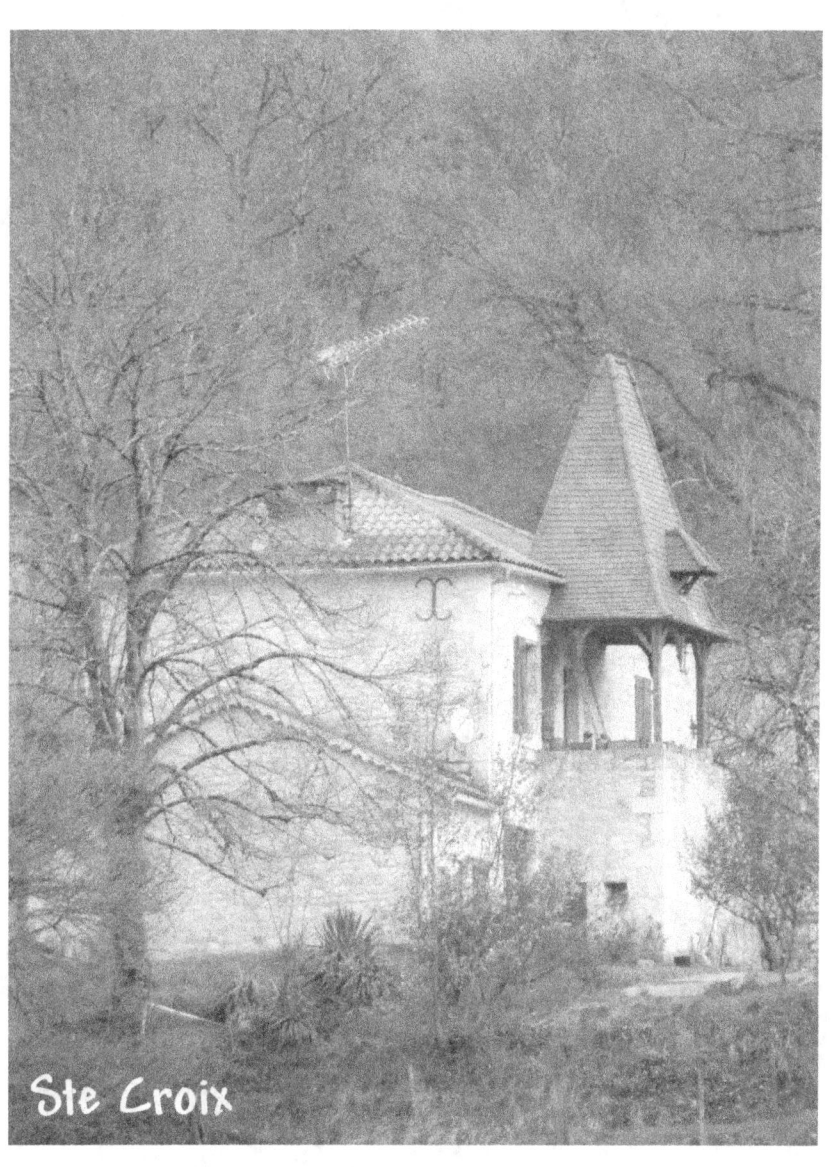

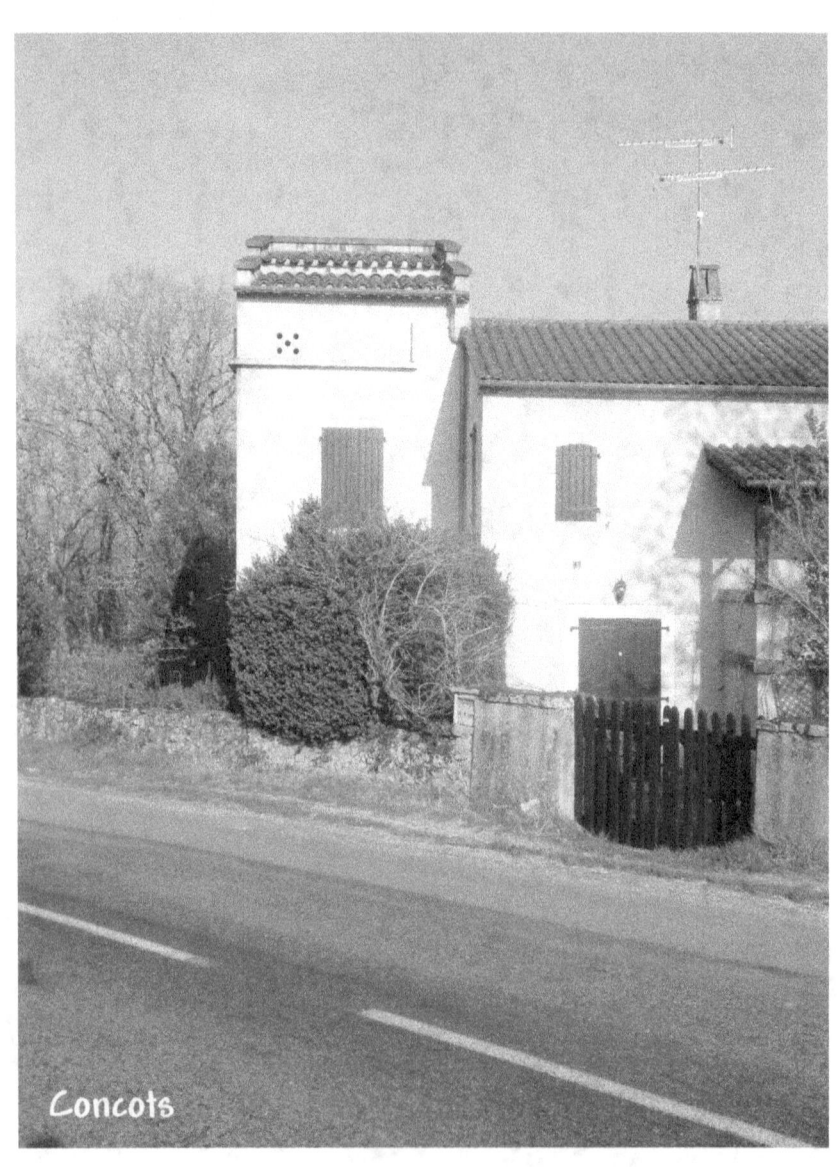

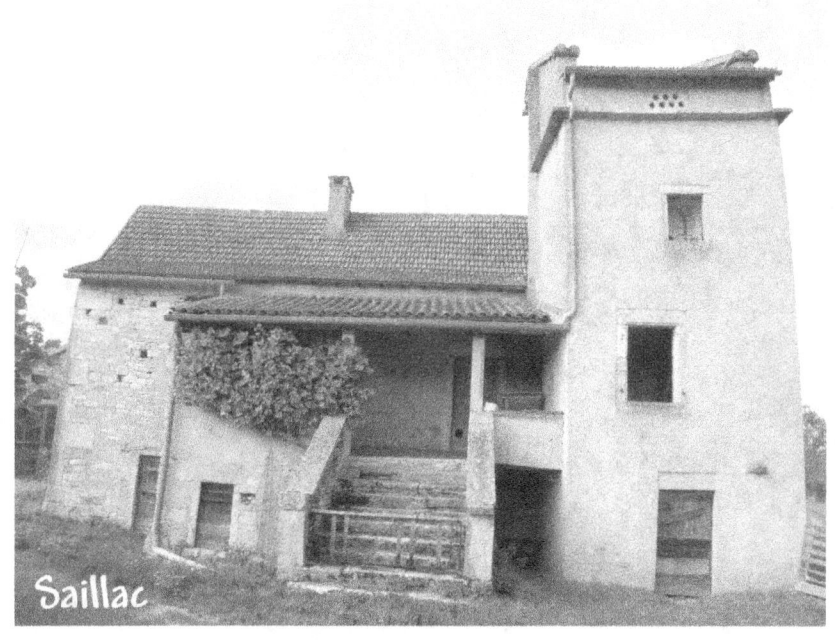

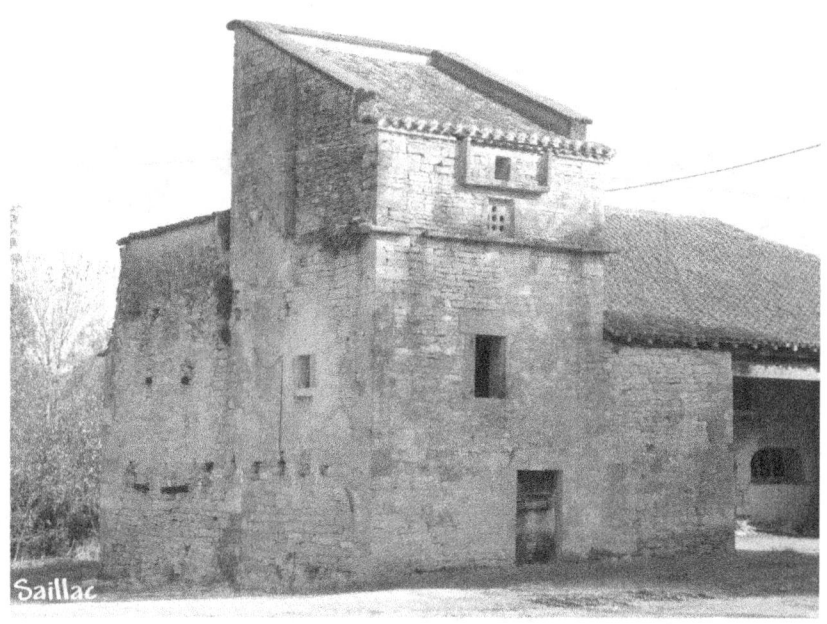

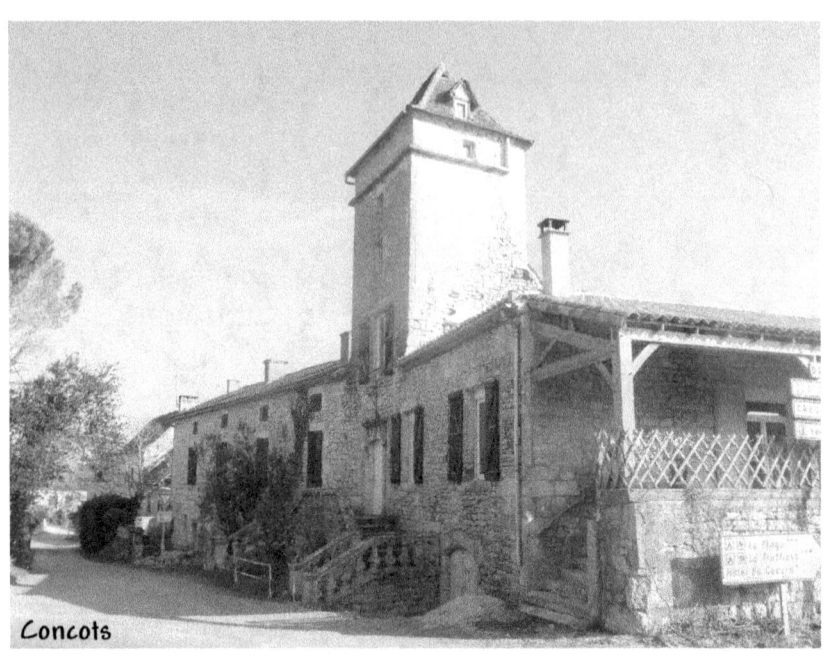
Concots

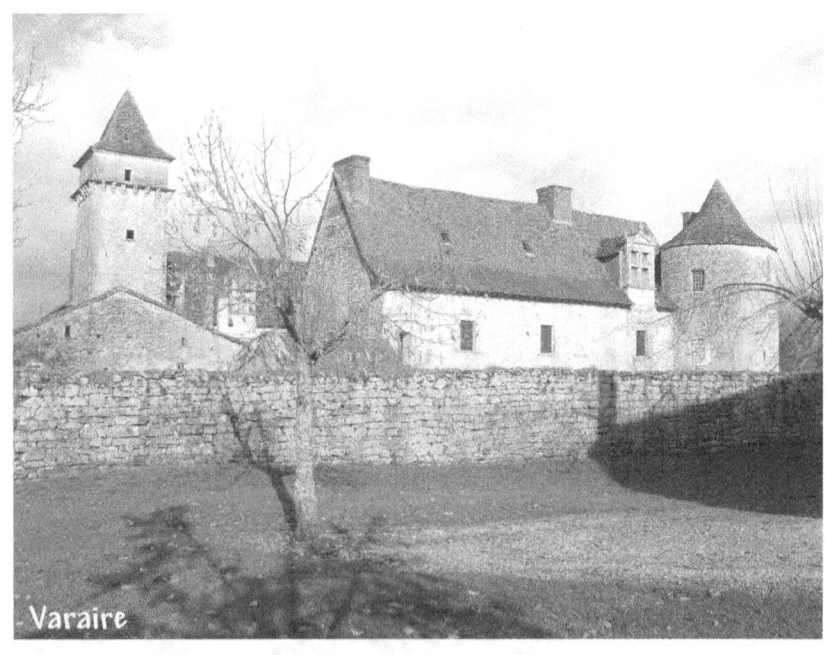
Varaire

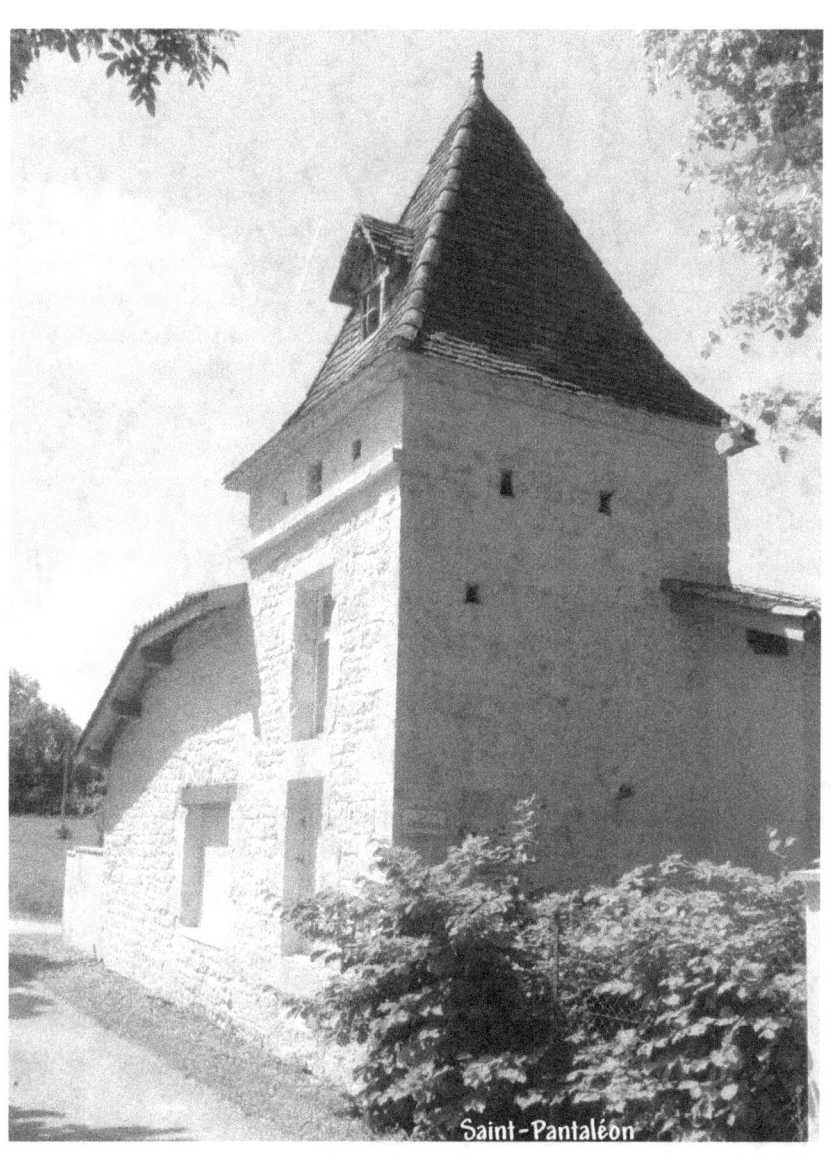

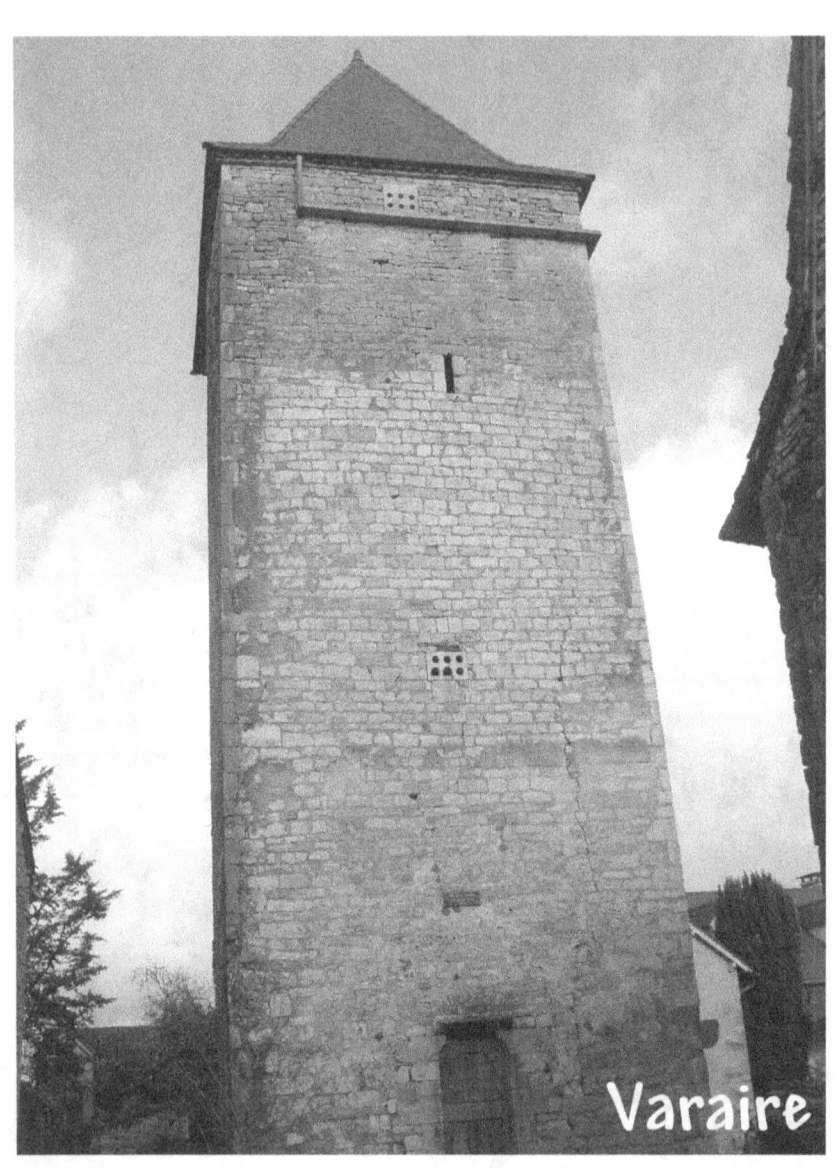

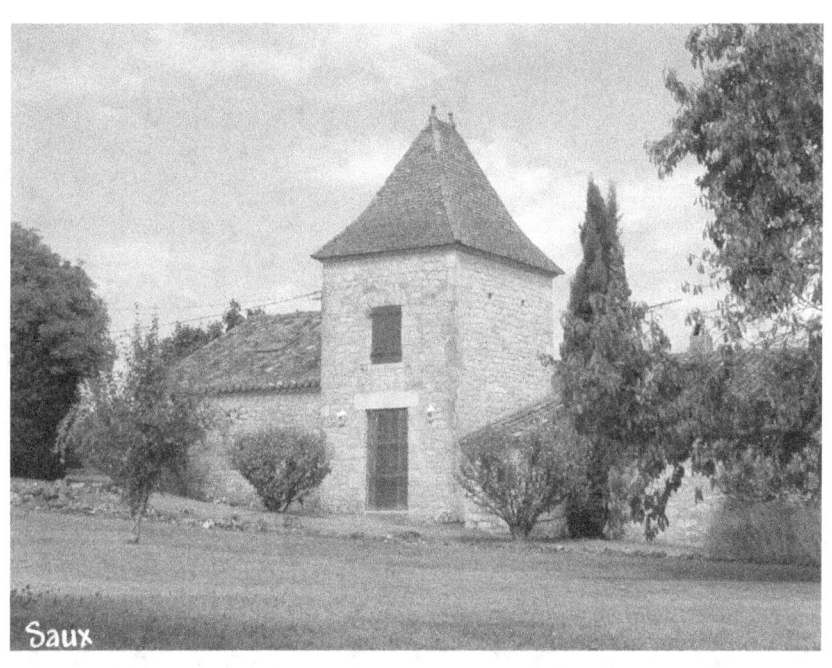

Saux

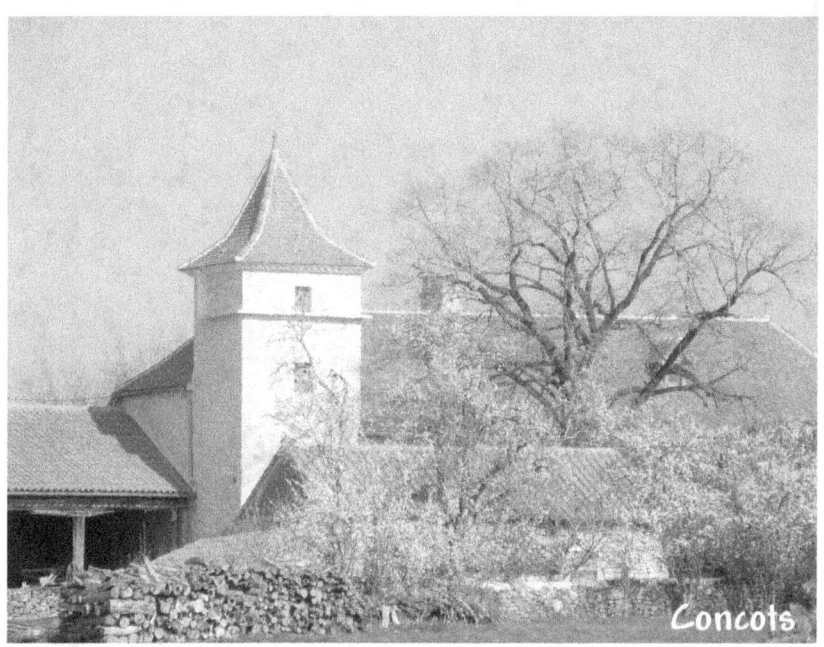

Concots

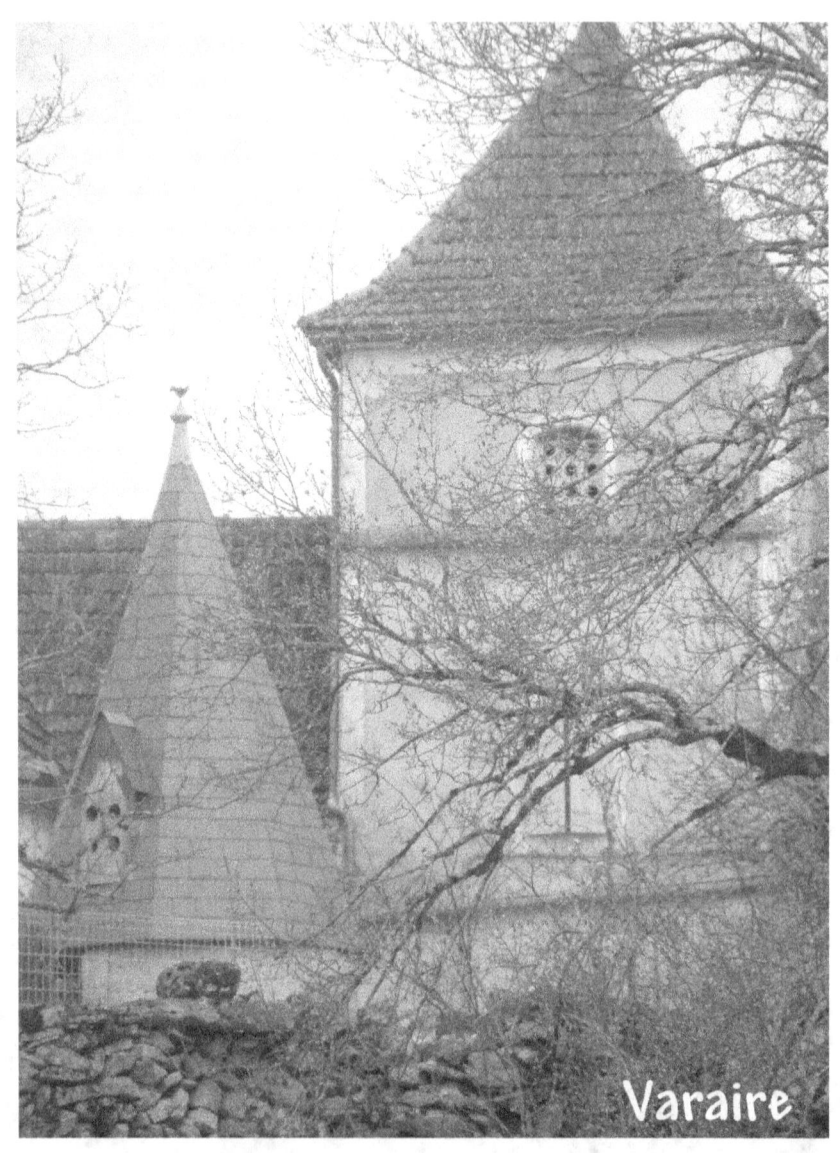

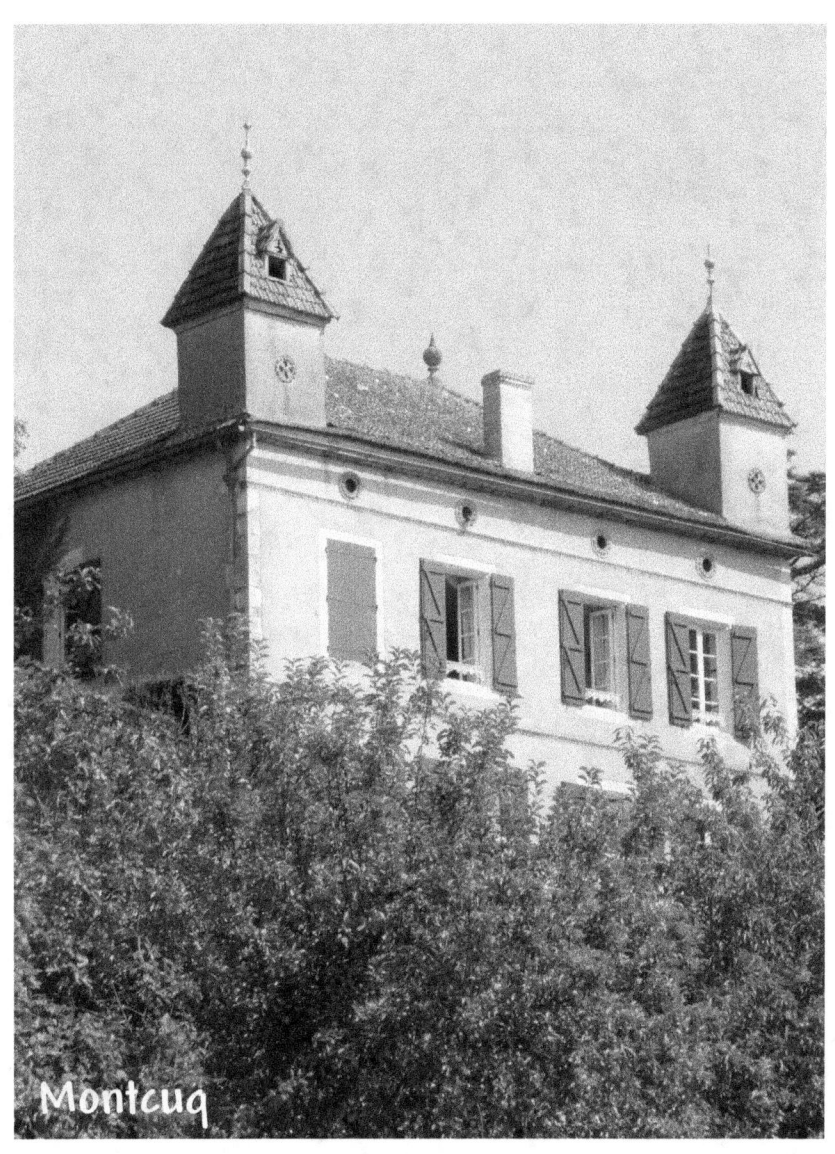

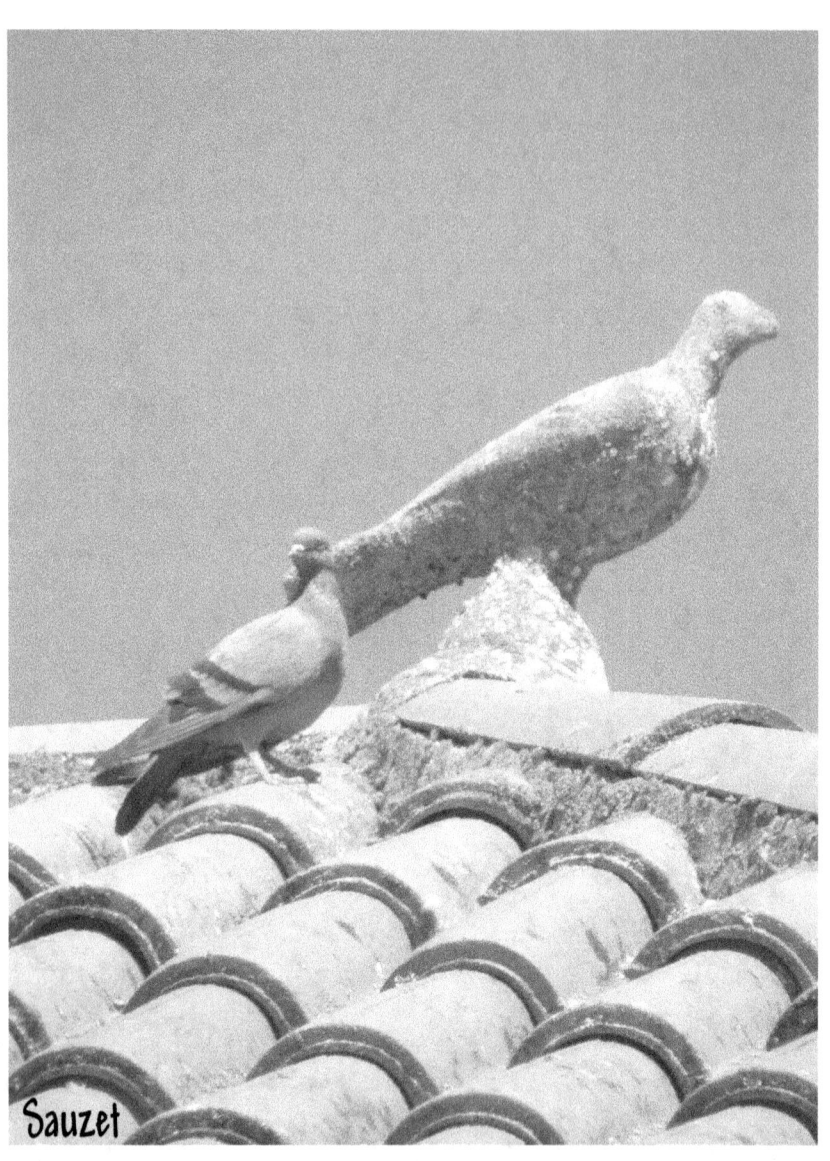

Le pigeonnier contraceptif...

À Paris à vélo, on glisse sur les fientes de pigeons... Ou les crottes de chiens... le vomi des poivrots...

Mais Paris possède des "pigeonniers contraceptifs." Selon la mairie du temps Bertrand Delanoë : une « méthode douce et durable. »
Il s'agit du « secouage », consistant à limiter les couvées à une par couple, par an. Peut-être inspiré par les chinois et leur enfant unique...
Lors des pontes suivantes, à Paris, les œufs sont secoués pour stopper le développement des petits, mais laissés dans le pigeonnier pour que le couple reste. On se fout de leur gueule ! Et manuellement. Chaque année, dans ces "pigeonniers contraceptifs" 500 œufs seraient ainsi éliminés. Mais il y aurait entre 50 000 et 100 000 pigeons dans la capitale (selon Fabienne Giboudeaux, alors adjointe au maire de Paris chargée des espaces verts).
À Paris, il serait interdit de distribuer graines et pain sur les trottoirs...
Un chiffre trouvé : 25 000 euros par "pigeonniers contraceptifs." (le design aurait reçu l'aval des Bâtiments de France ; 5 000 euros pour l'entretien, délégué à un prestataire).
Un de ces pigeonniers était prévu dans chaque arrondissement.

Certaines villes recourraient à des méthodes plus vigoureuses : le gazage...

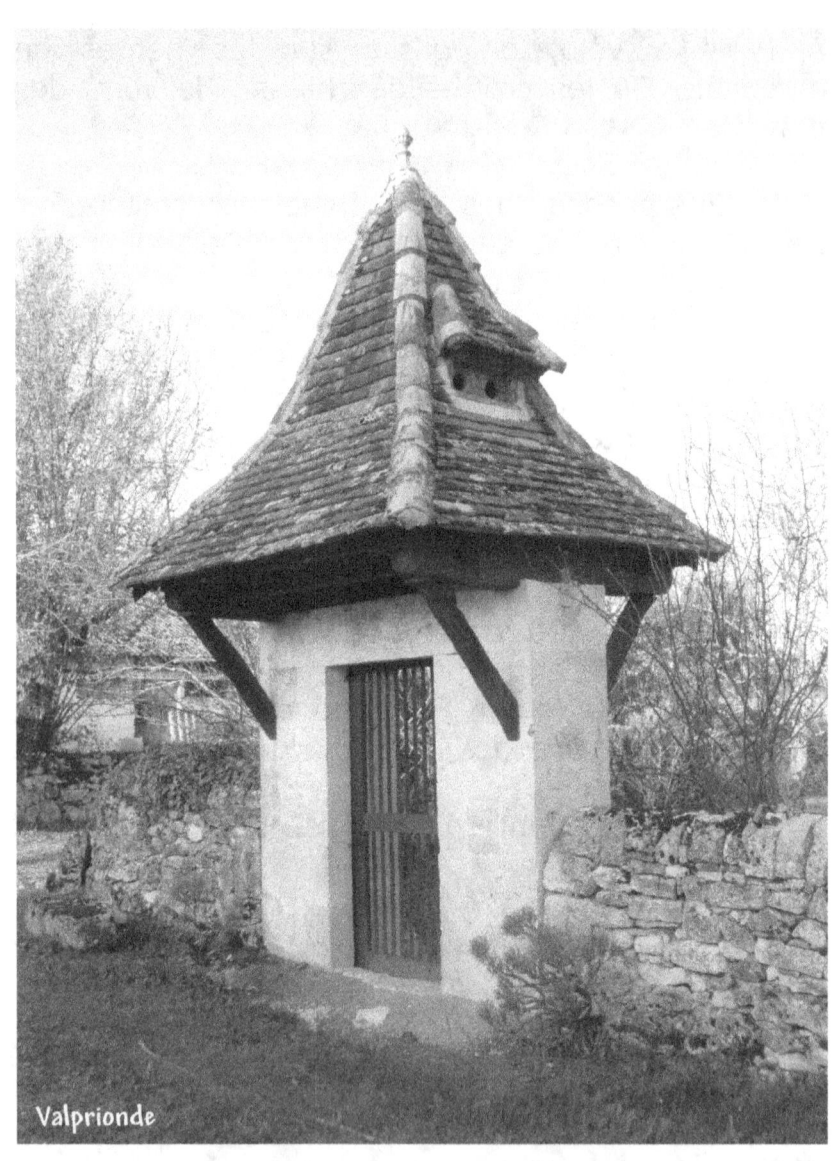

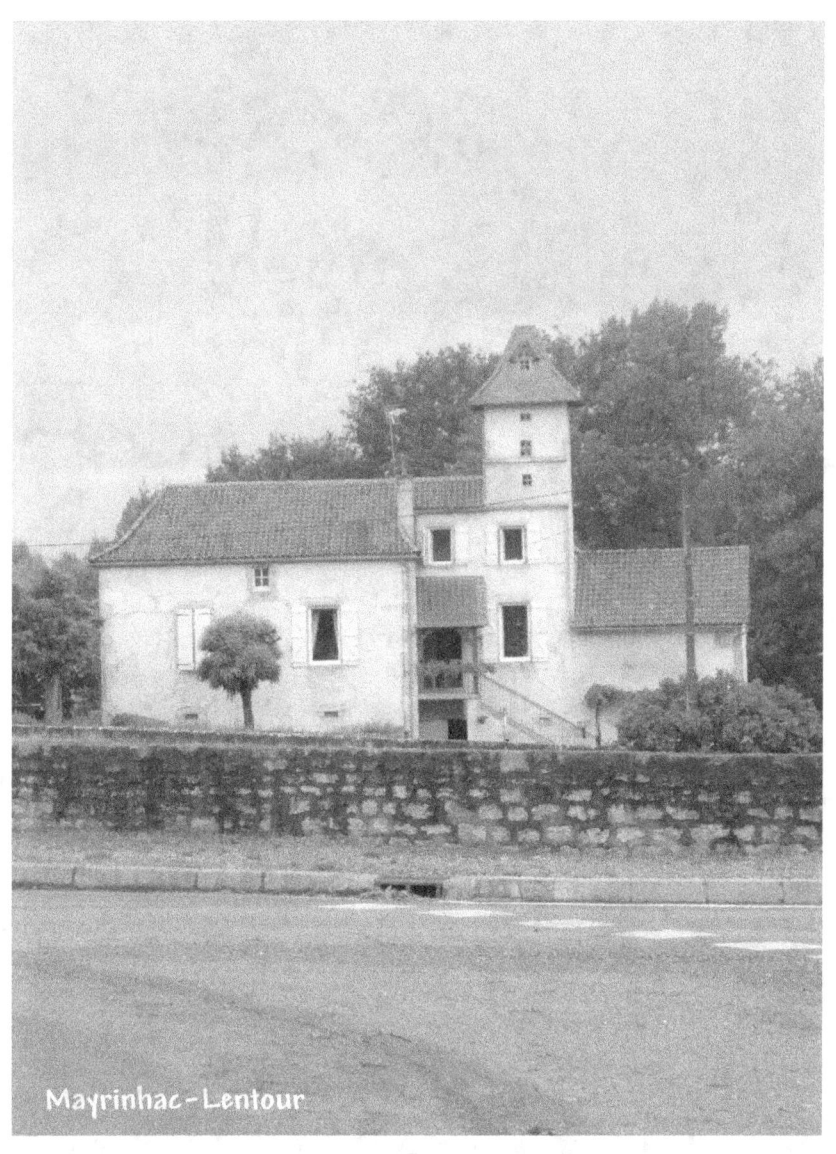

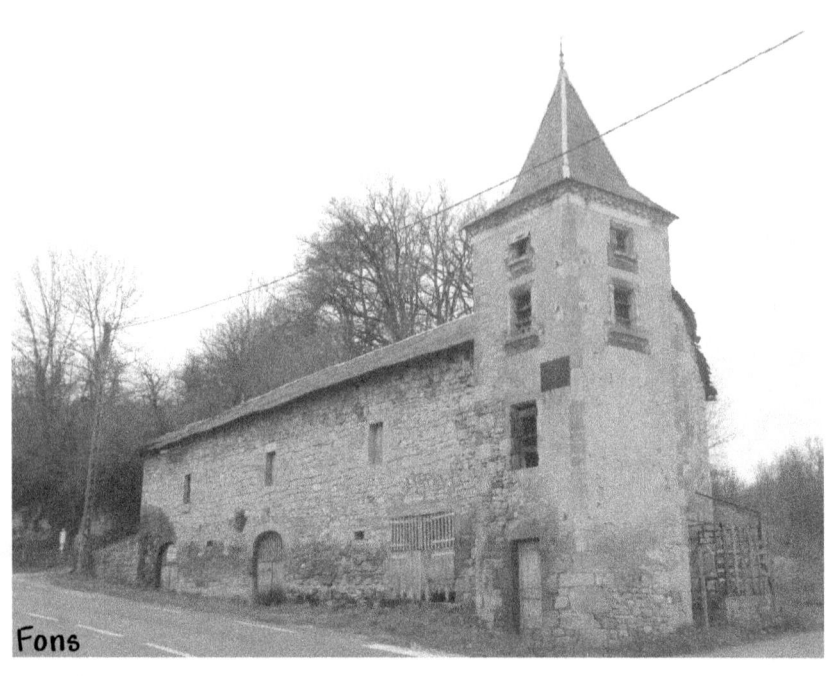

Fons

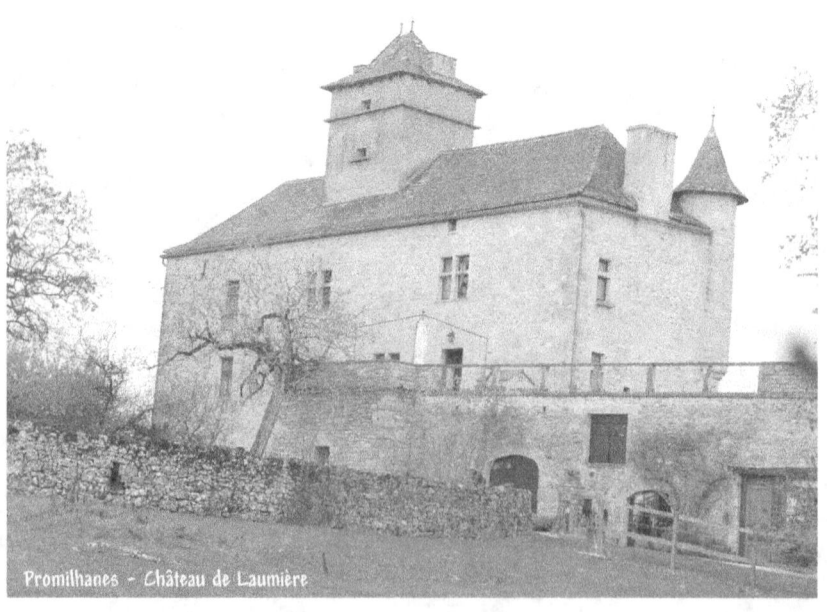

Promilhanes - Château de Laumière

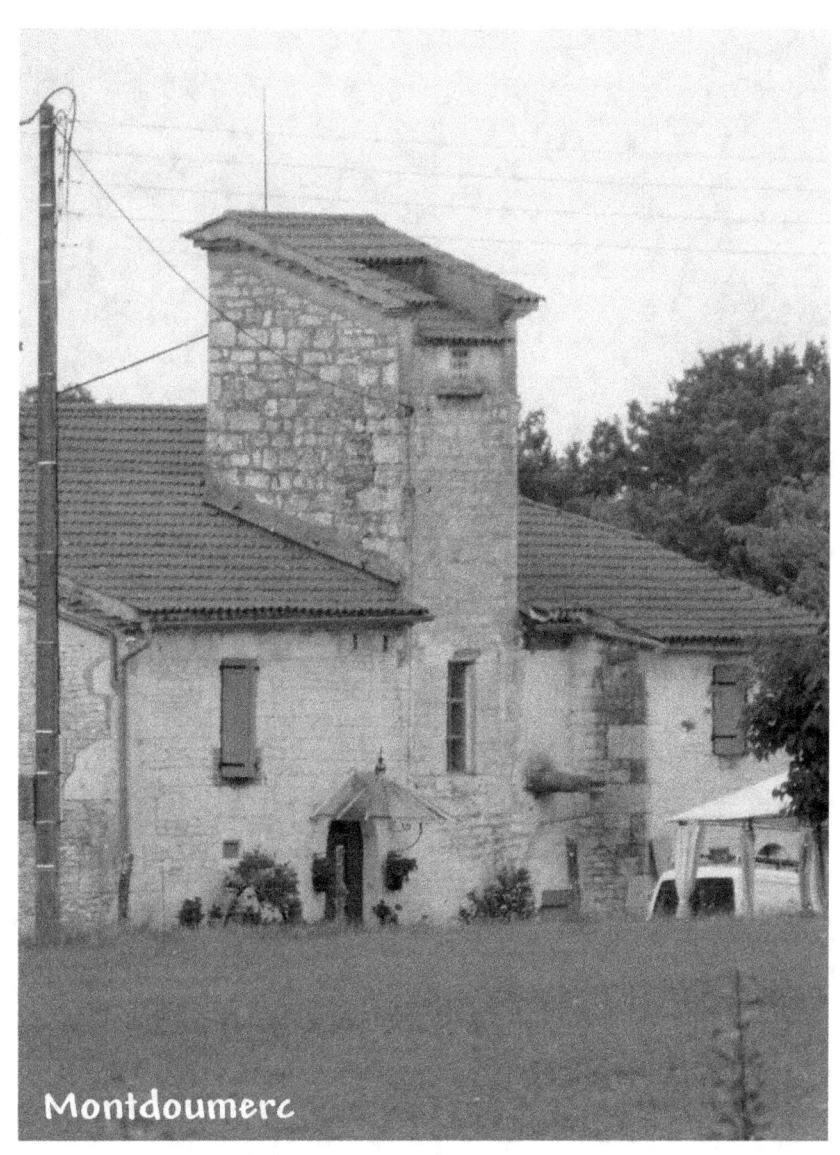

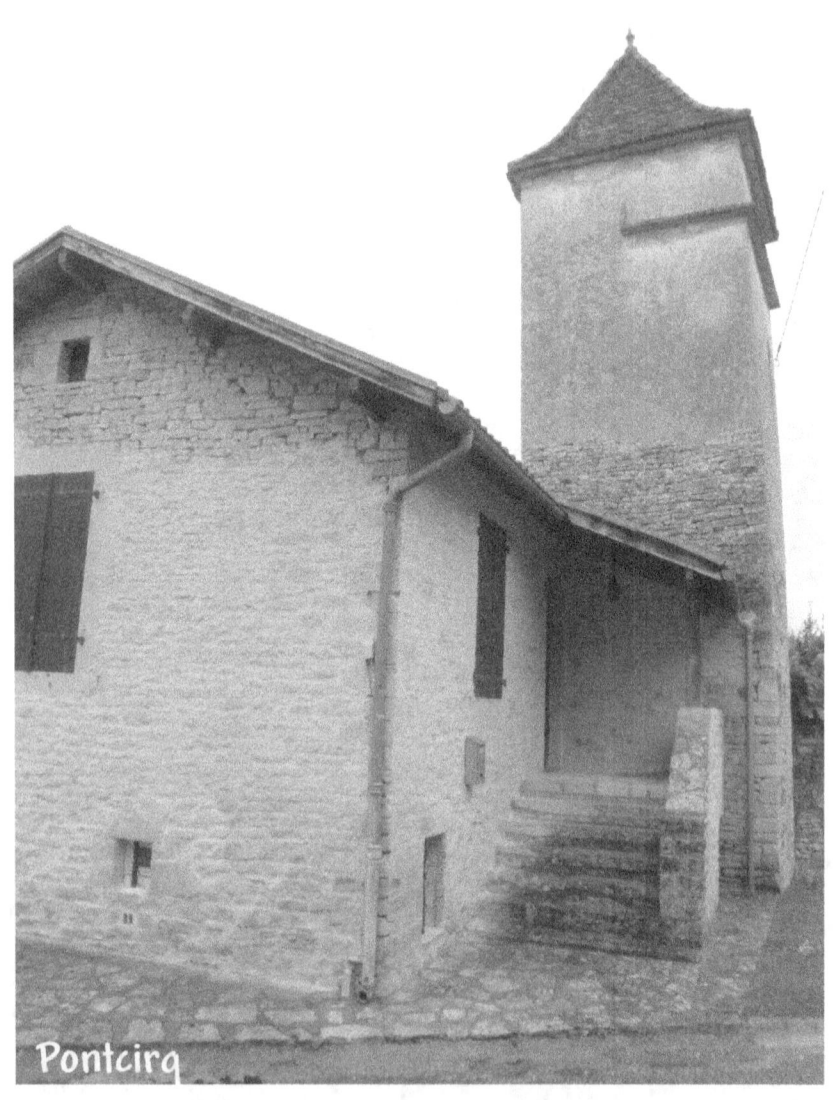

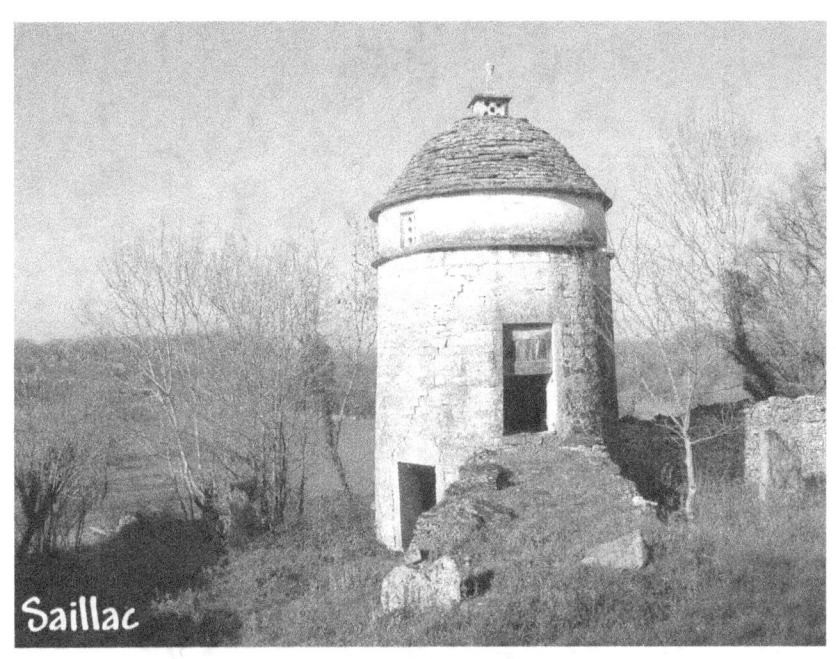

Saillac

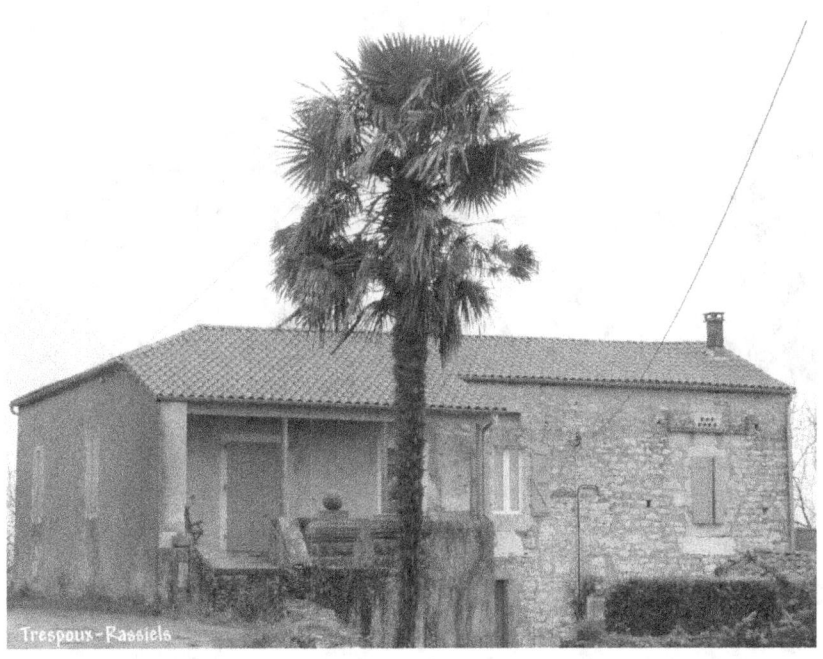

Trespoux-Rassiels

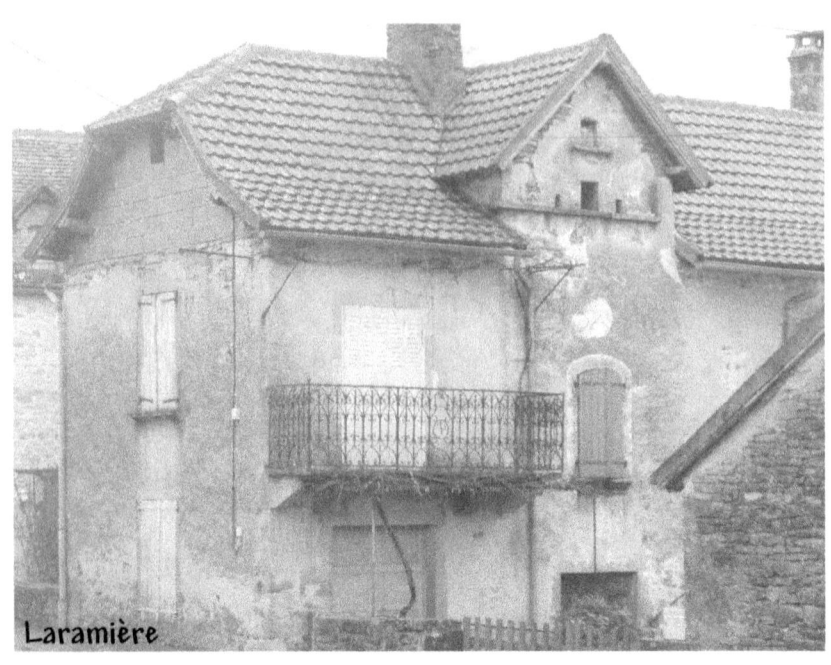
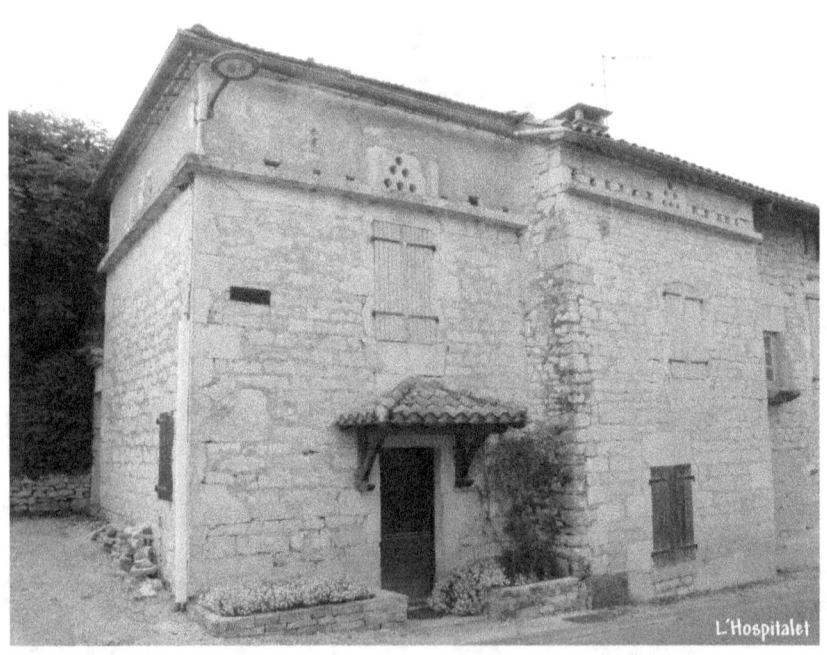

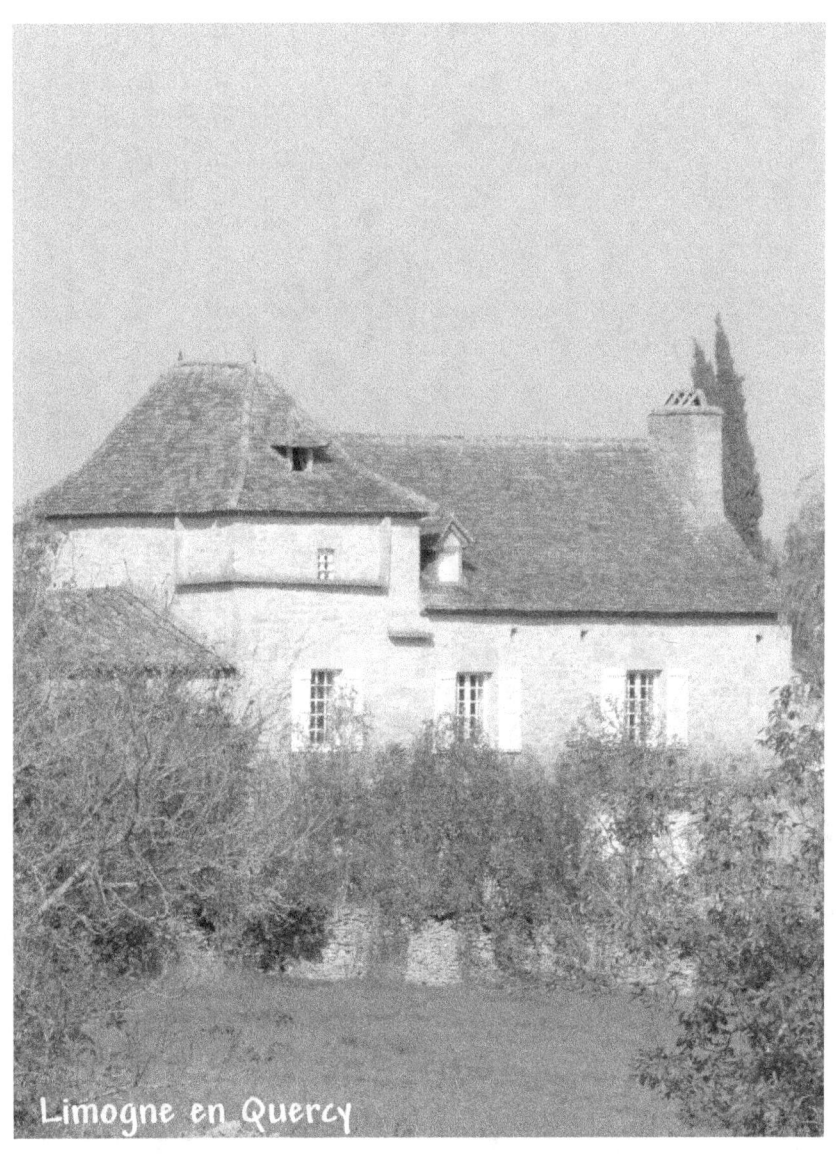

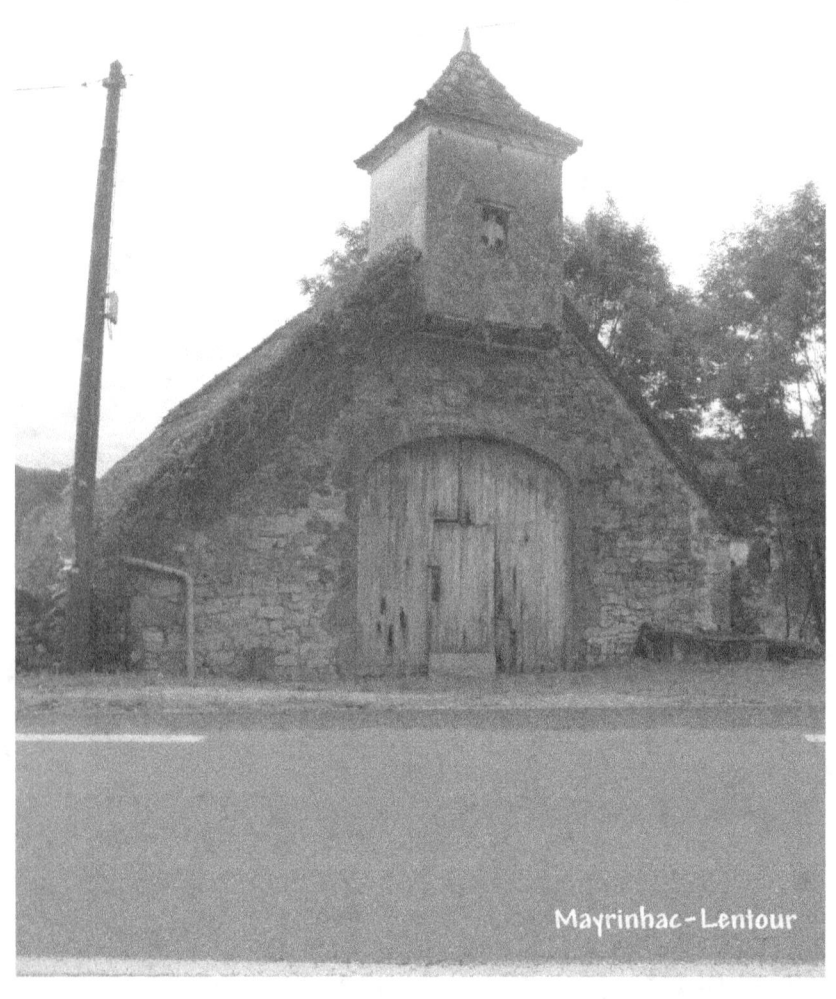

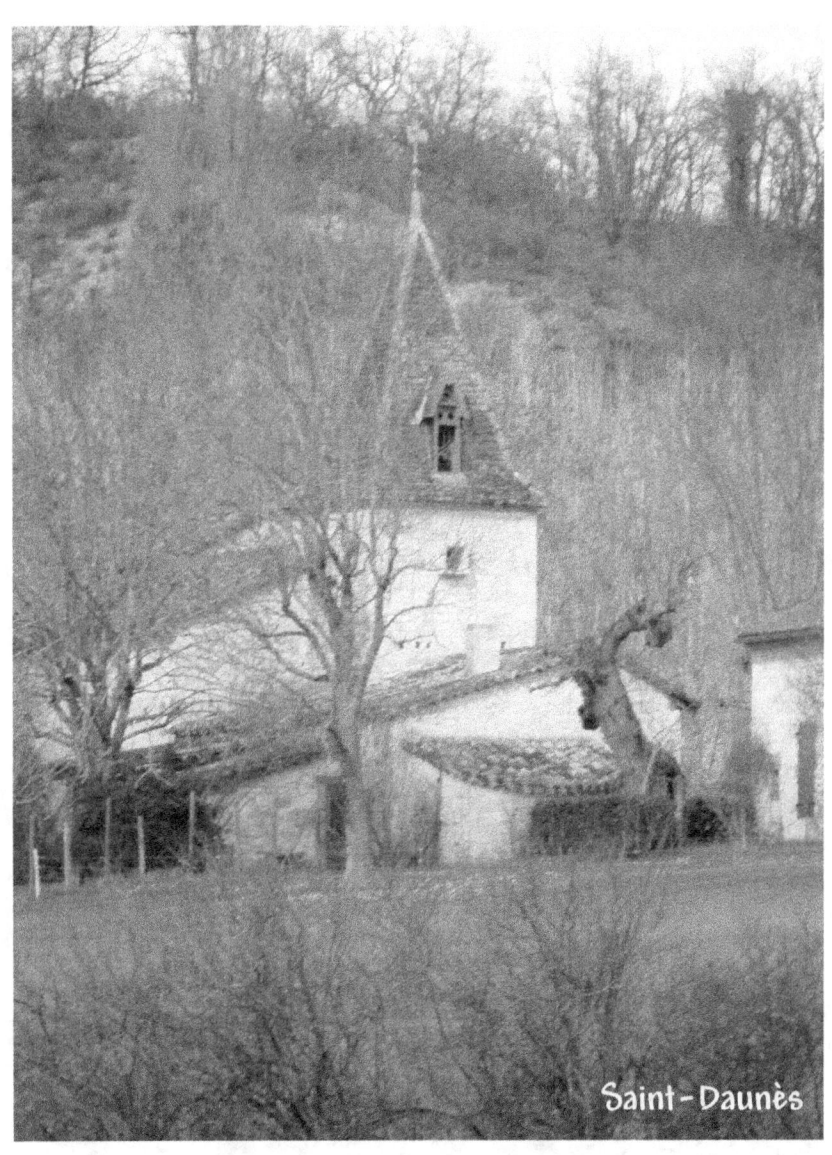

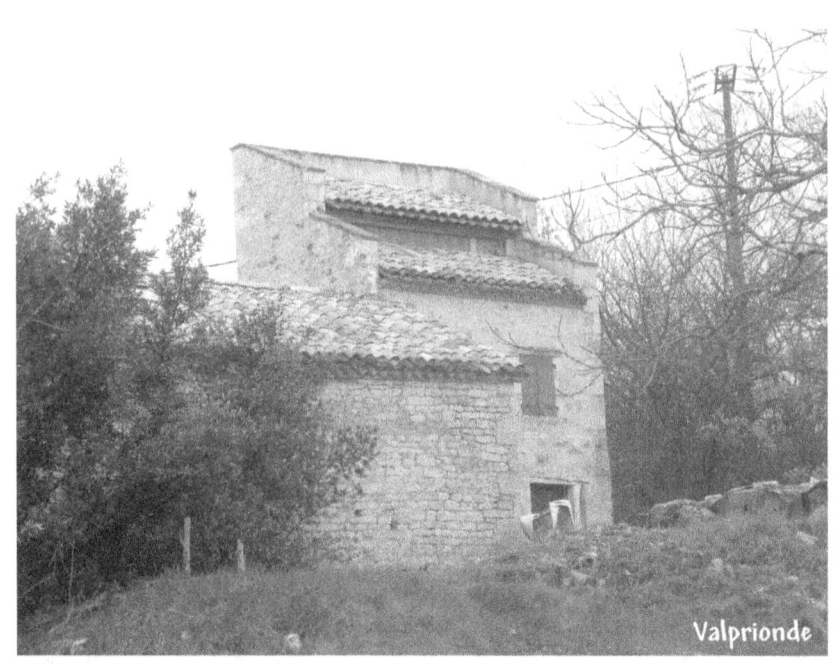

Valprionde

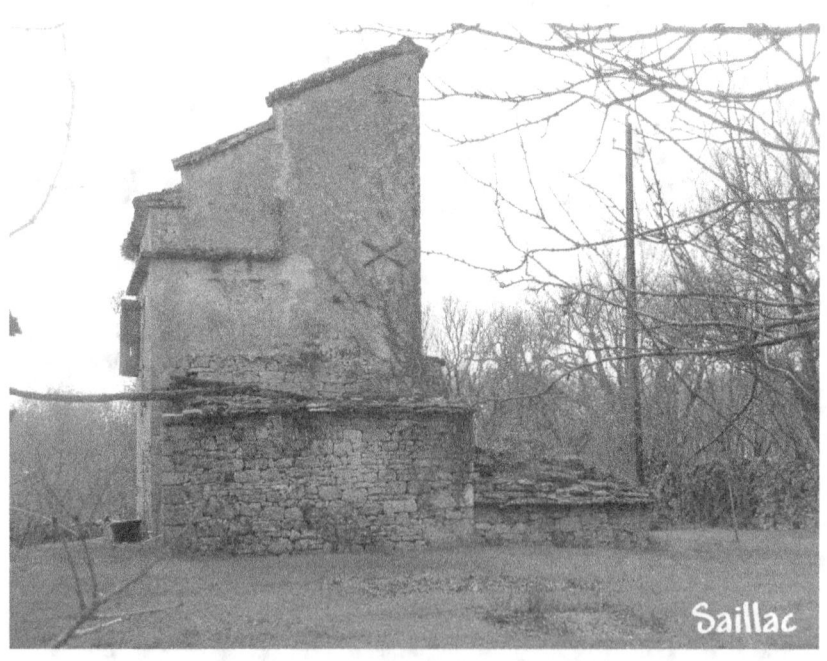

Saillac

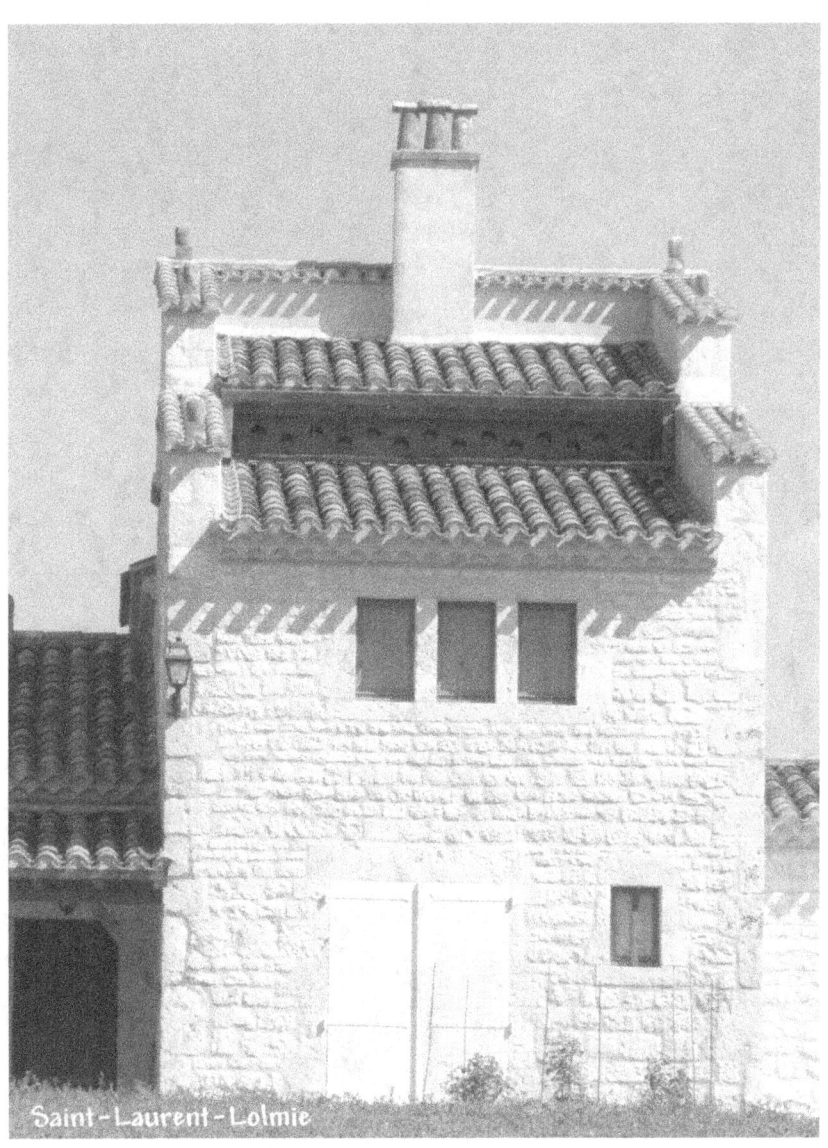

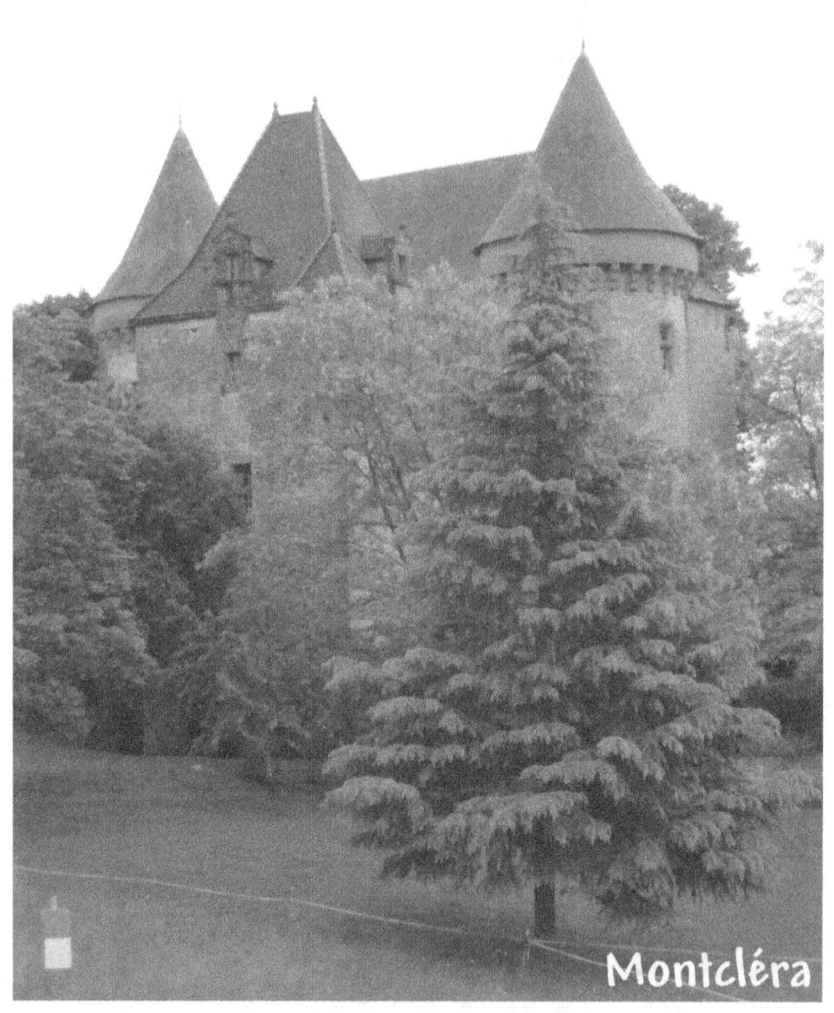

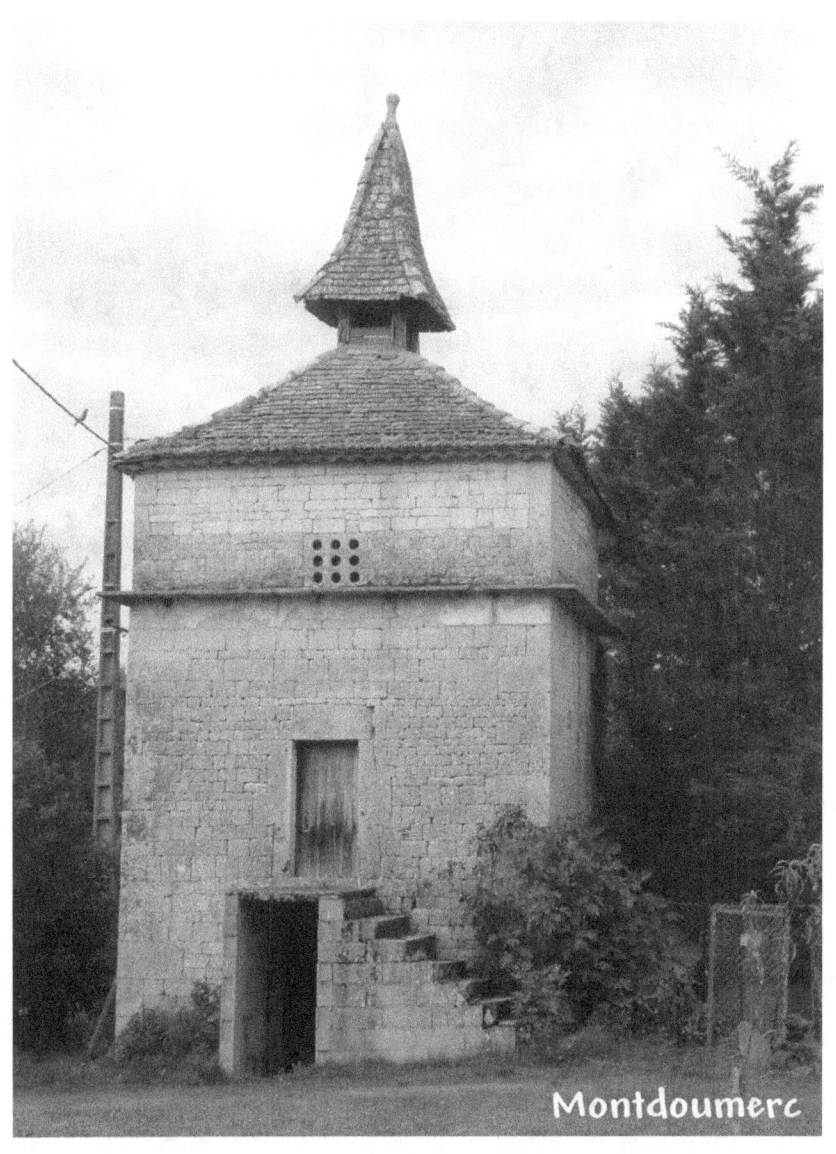

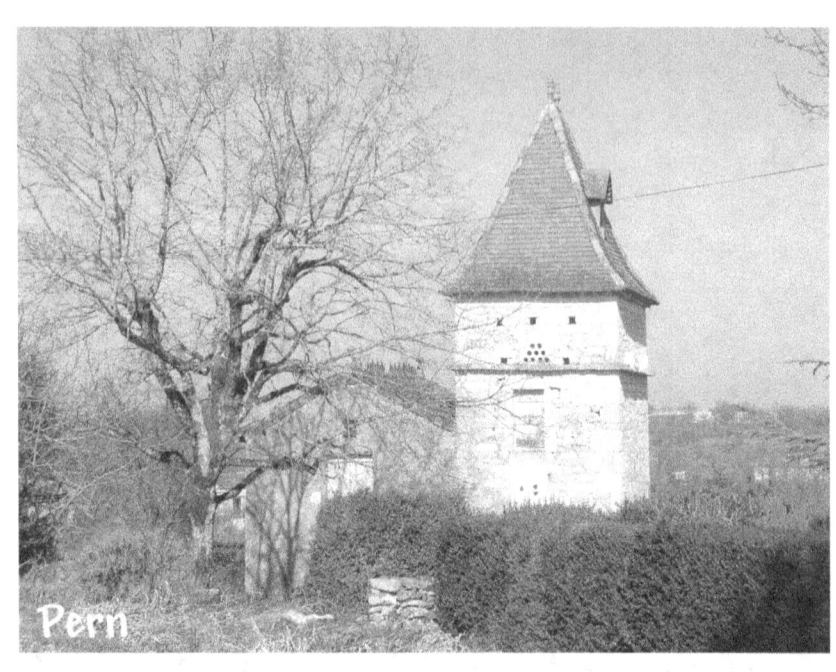

Pern

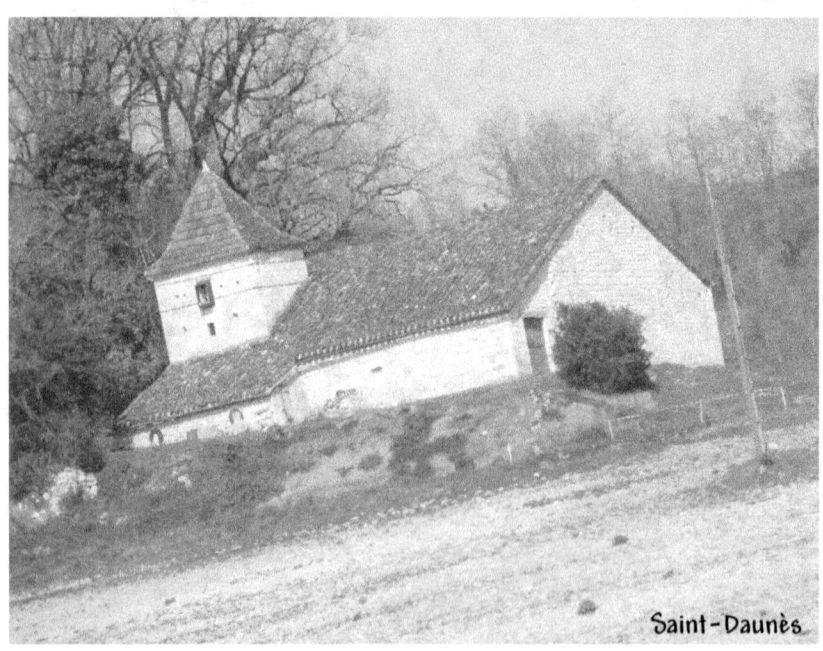

Saint-Daunès

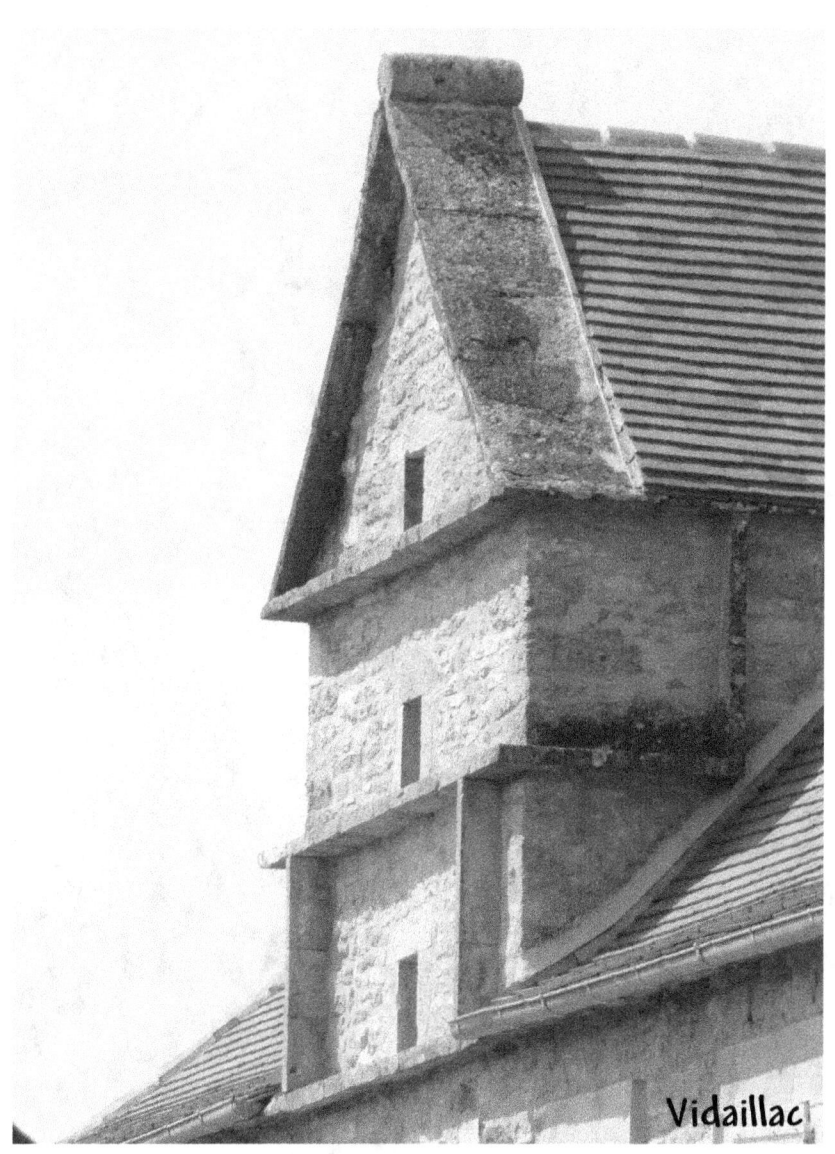

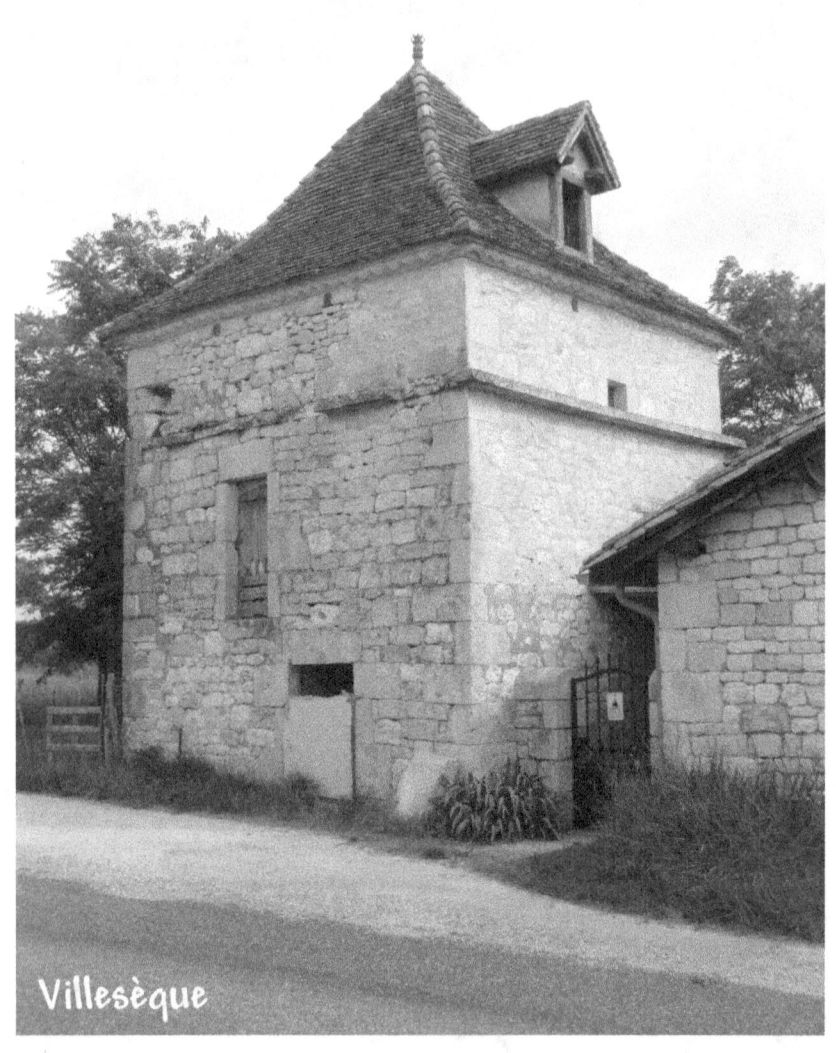

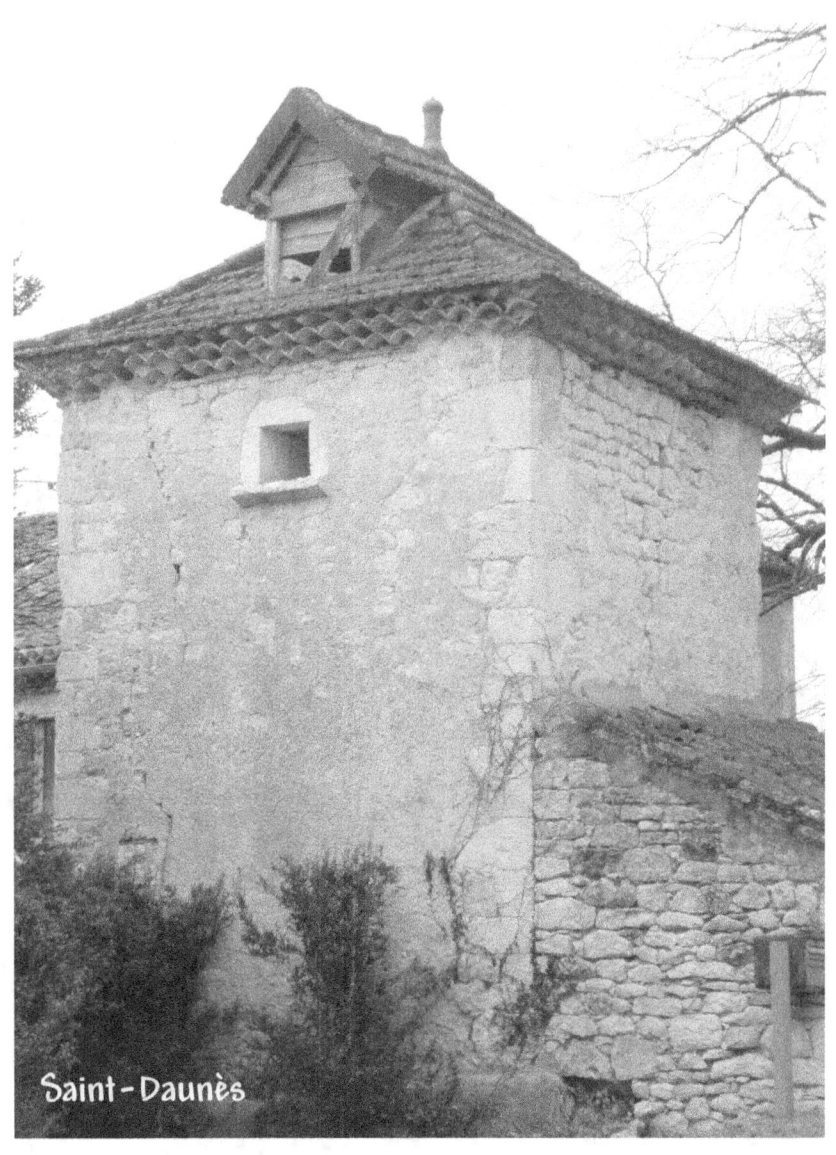

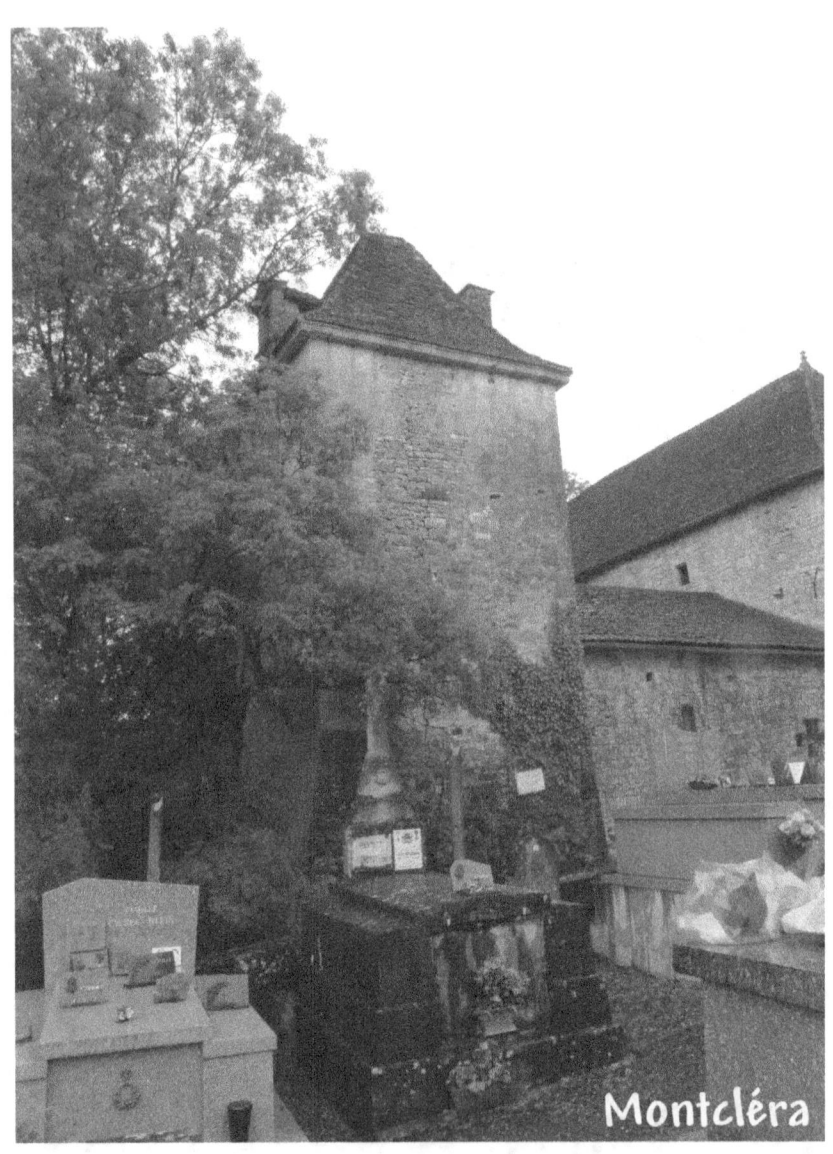

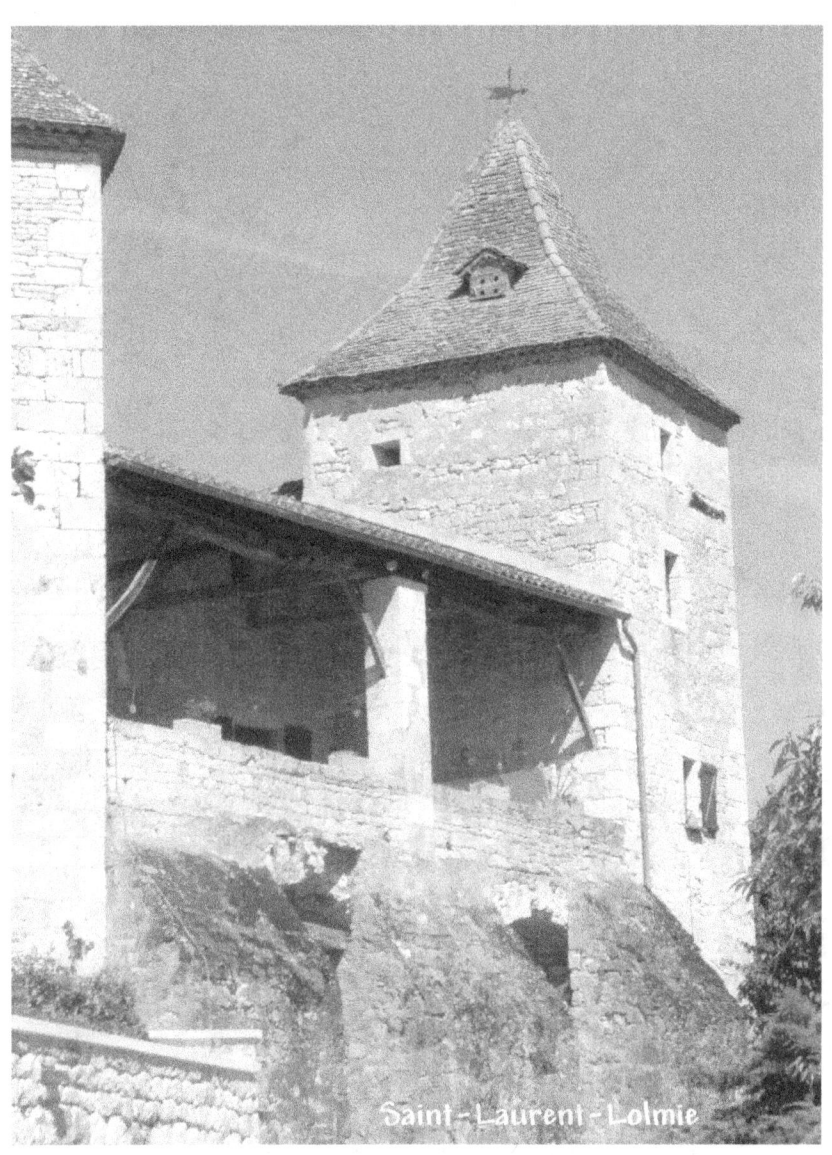

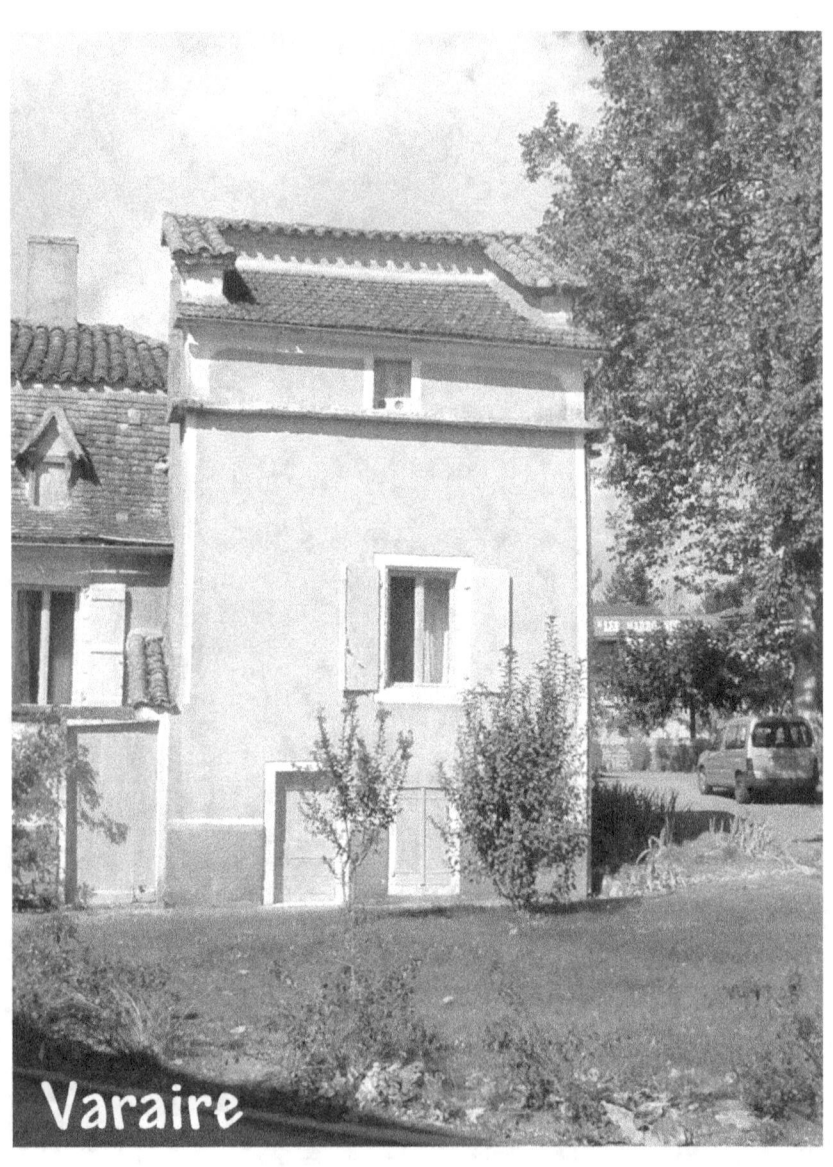

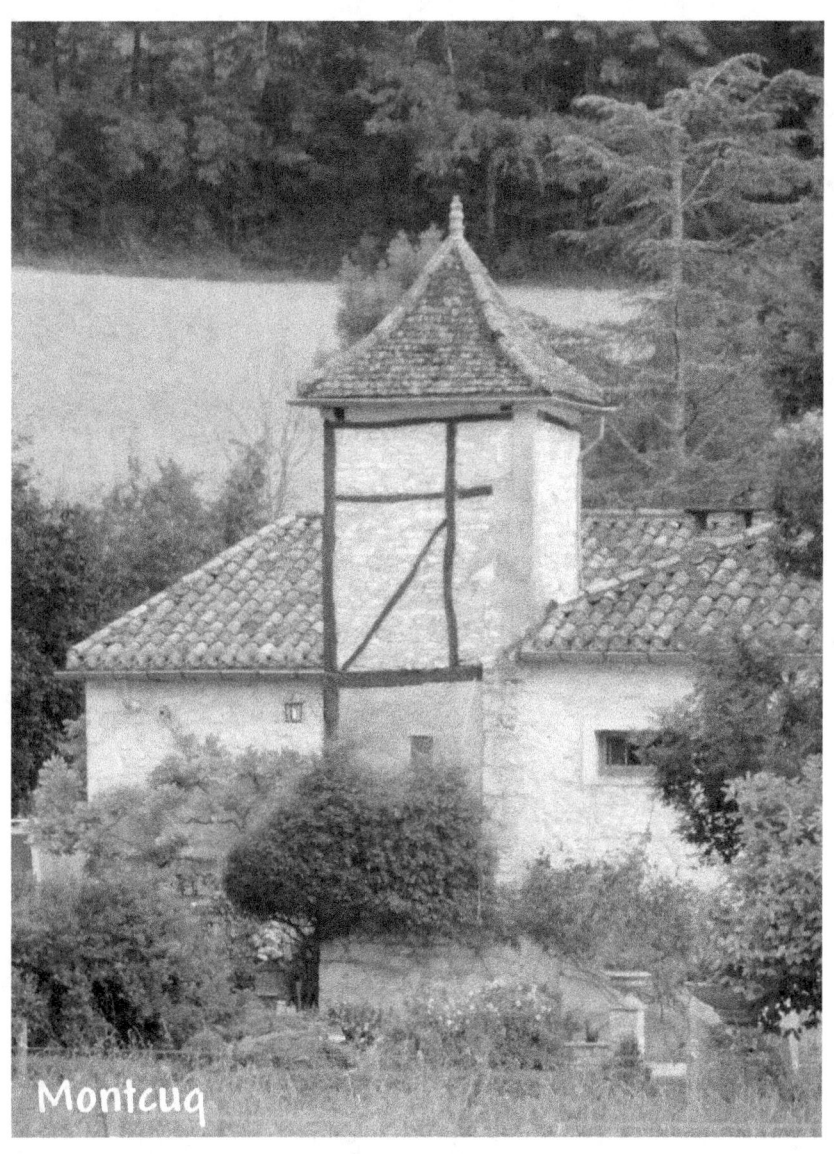

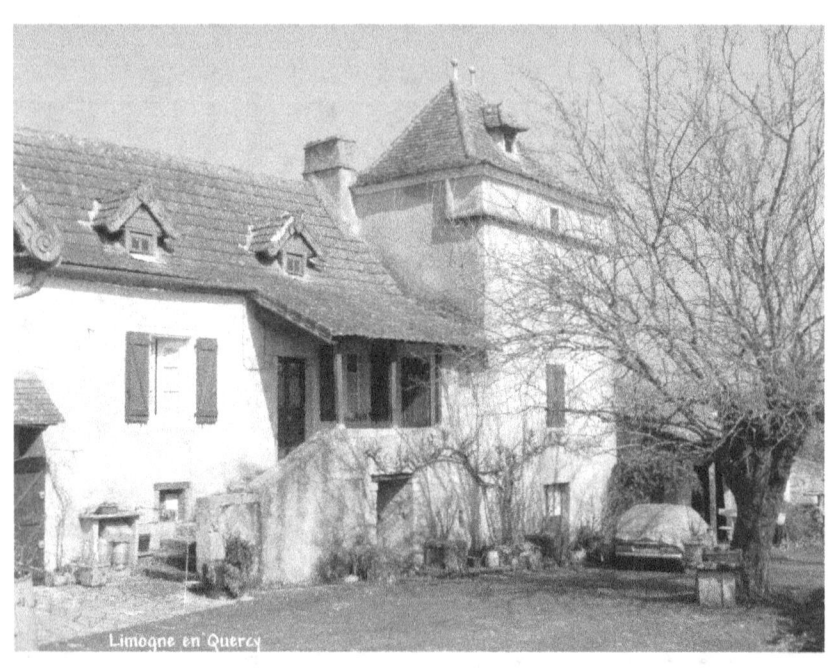

Limogne en Quercy

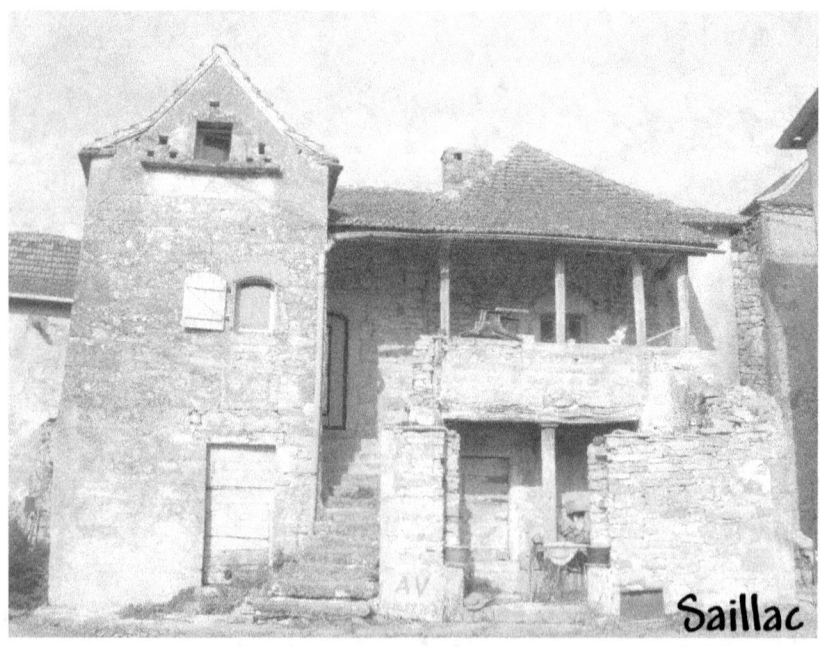

Saillac

Auteur

Né en 1968, il publie depuis 1991, d'abord sous son nom de naissance puis sous divers pseudonymes, éditeur indépendant depuis son premier livre.

Dès 2004, il a proposé des livres numériques, en PDF. Mais c'est en 2011 seulement que les ventes dématérialisées ont démarré. Son catalogue numérique (depuis mi 2011 distribué par *Immateriel*) a ainsi rapidement dépassé celui du papier, grâce à des essais, des livres de photos... tout en continuant la lente écriture dans les domaines du théâtre et du roman. Depuis octobre 2013, et son « identifiant fiscal aux États-Unis », son catalogue papier tend à rattraper celui en pixels.

Il convient donc de nouveau d'aborder l'auteur sous le biais de l'œuvre. Ainsi, pour vous y retrouver, http://www.ecrivain.pro essaye de fournir une vue globale. Et chaque domaine bénéficie de sites au nom approprié :
http://www.romancier.org
http://www.parolier.org

http://www.essayiste.net

http://www.dramaturge.fr
http://www.lotois.fr

Vous pouvez légitimement vous demander pourquoi un auteur avec un tel catalogue ne bénéficie d'aucune visibilité dans les médias traditionnels. L'écriture est une chose, se faire des amis utiles une autre !

Mentions légales

Tous droits de traduction, de reproduction, d'utilisation, d'interprétation et d'adaptation réservés pour tous pays, pour toutes planètes, pour tous univers.

Site officiel : http://www.ecrivain.pro

Présentation des livres essentiels : http://www.utopie.pro

Vous pouvez acquérir ces clichés au format originel du photographe, en droit de reproduction, exemplaires numérotés et signés, sur http://www.galerie.me

Dépôt légal à la publication au format ebook du 26 janvier 2015.

Imprimé par CreateSpace, An Amazon.com Company pour le compte de l'auteur-éditeur indépendant **livrepapier.com**.

ISBN 978-2-36541-636-8
EAN 9782365416368
Pigeonniers lotois de François-Antoine de Quercy
© Jean-Luc PETIT - BP 17 - 46800 Montcuq - France

www.ingramcontent.com/pod-product-compliance
Lightning Source LLC
Chambersburg PA
CBHW050104230526
45470CB00004B/1677